英会話の原理

晴山陽一

宝島社新書

はじめに
──「英会話」には攻略法がある！──

　最近、英語の苦手なビジネスマンが、外国人相手に英語でのやりとりを余儀なくされる場面が急増している。世にあふれている英会話の本をあわてて開いても、短時間で会話力が身につくはずもない。何かいい方法はないものだろうか。

　本書は、「英会話の初心者が、速攻で会話力を身につけるにはどうしたらよいか？」という課題に答えるものである。「そんなことは不可能だ！」とあきらめる前に、ぜひ本書をお読みいただきたい。

　従来の会話本は、場面別の「会話サンプル」を集めて並べたものがほとんどである。この類の本には、次のような欠点がある。

---

①いくら「会話サンプル」を暗記しても、実際の場面ではなかなか使えない。
②基本を押さえていないので、応用力がつかない。（だから現場で使えない。）
③「会話サンプル」が羅列されているだけなので、読み通すのに忍耐がいる。

　会話本を一度でも手にしたことがある人なら、思い当たる節があるだろう。

　会話本を読んで英会話ができるようになった、という話は聞いたことがない。そのため、出版社の側にも、

「会話本は売れない！」というジンクスが生まれつつあるようだ。「英会話ができるようになりたい！」という根強い需要と、それに対するツールの供給が、うまくかみ合っていないのだ。

会話本の作り方を根本から見直す必要があるのではないか？——そんな思いから、この本の筆をとることにした。

従来の「サンプル会話」羅列型の会話本に対して、本書は次のような特長を備えている。

---
①英会話そのものの分析から入っている。（英会話の原理を理解してから学習できる。）
②単なる「会話サンプル」の羅列ではない。
③類書にない構成で、「原理」から「応用」に無理なく進める。

このまったく新しい考え方の会話本により、読者の皆さんが、学習の方向を見出し、すみやかに「英会話」に開眼されることを願ってやまない。

●

本書は、大きく2つのパートからなる。

Part 1——英語の方程式
Part 2——英会話「虎の巻」

まず、Part 1で「英会話の原理」についてご説明したい。

次に、Part 2で、徹底的なインプットの材料をご提

供したいと思う。
　——理解あっての練習である。
　——インプットあってのアウトプットである。
　そんな思いから、この2部構成を考えた。
　小さな本だが、準備にたっぷりと時間をかけた。起爆力は十分のはずである。どうかあなたの目で、効果のほどを実地にお確かめいただきたい。
　なお、本文各ページの下欄に「**200人のホンネ**」と題し、英語名句のコーナーを設けた。すべてが"I"を主語とする英文のオンパレードである。
　これらの英文は、本書で私が勧める学習法を端的に象徴している。「"I"で始まる英文を徹底的にマークせよ！」——この単純素朴な一本道が「英会話」攻略の最短コースだというのが、私の考えである。
　まずは第1章「英語の2大発想」から目を通していただきたい。
　ここで言う「英語の2大発想」とは、①「**人間中心主義**」②「**存在表現より所有表現**」の2つである。この章で、本書全体の地ならしをしておく予定だ。
　シナリオのない演劇が鑑賞に堪えないのと同様、シナリオのない学習書は使用に堪えない。本書は、類書にないユニークな章だてで、「シナリオのある学習書」を目指している。私が用意したシナリオを楽しみながら、あなたの英語センスに磨きをかけてほしい。

目次

はじめに──「英会話」には攻略法がある！　*2*

Part 1　英語の方程式　*7*

1章　英語の2大発想 ……………………………… *8*
2章　英会話の原理 ……………………………… *32*
3章　「固定部分」と「可変部分」 ……………… *54*
4章　学習はリズムだ！ ………………………… *76*
5章　実証！パラレル効果 ……………………… *94*

Part 2　英会話「虎の巻」　*125*

6章　"I"モードの英語術 ……………………… *126*
7章　"You"モードの英語術 …………………… *182*
8章　英会話には型がある！ …………………… *202*

あとがき──「英語達人」への道　*223*

これが英会話の最短攻略法だ！
―Part 2　詳細目次―

6章 "I"モードの英語術　*126*
- 1 I'm sorry... ... *128*
- 2 I'm afraid... ... *130*
- 3 I'm glad...など ... *132*
- 4 I'm＋前置詞 ... *134*
- 5 I'm 〜ing ... *136*
- 6 I'm＋過去分詞 ... *138*
- 7 I have... ... *140*
- 8 I've... ... *142*
- 9 I'll...❶ ... *144*
- 10 I'll...❷ ... *146*
- 11 I'd like... ... *148*
- 12 I'd like to... ... *150*
- 13 I want to... ... *152*
- 14 I hope/wish/like... ... *154*
- 15 I think... ... *156*
- 16 I believe/know/wonder... ... *158*
- 17 I feel... ... *160*
- 18 I need/must/have to... ... *162*
- 19 I don't... ... *164*
- 20 I can't... ... *166*
- 21 May I...? ... *168*
- 22 Can I...? ... *170*
- 23 Could I...? ... *172*
- 24 Do I/Will I...?など ... *174*

7章 "You"モードの英語術　*182*
- 1 Do you...? ... *184*
- 2 Do you have...? ... *186*
- 3 What/How do you...?など ... *188*
- 4 Are you...? ... *190*
- 5 Would you...? ... *192*
- 6 Could you...? ... *194*
- 7 Can you...? ... *196*
- 8 Will you...? ... *198*

8章 英会話には型がある！　*202*
- 1 Let's... ... *204*
- 2 Let me... ... *206*
- 3 Thank you.../Thanks... ... *208*
- 4 Don't... ... *210*
- 5 Please＋命令文❶ ... *212*
- 6 Please＋命令文❷ ... *214*
- 7 命令文❶ ... *216*
- 8 命令文❷ ... *218*

Part 1 英語の方程式

1章

英語の2大発想

　英語ができる人の本を読むと、「英語で話す時は日本語で考えるな。英語で考えろ！」と、こともなげに書かれているのを、よく目にする。それがカンタンにできるなら、こんなに苦労はしないだろう。日々、日本語の世界にどっぷりと浸かり、それを何十年も続けている人間に、「しばし母国語を忘れろ！」というのは、突然「記憶喪失になれ！」と言うに等しい暴言である。

　もの心ついた時には、すでに「日本語自在ソフト」が起動していたのだ。一方、英語国民は、子供の時から「英語自在ソフト」を使って暮らしている。

　「日本語自在ソフト」と「英語自在ソフト」——。

　両者の基本設計の違いも知らずに、「日本語を忘れて英語で考えよ！」と言われても、それはどだい無理

200人のホンネ ● Georges Simenon ●

I adore life but I don't fear death. I just prefer to die as late as possible.
私は生きることを愛しているが、死を恐れはしない。ただ、できるだけ遅く死にたいだけだ。

な話なのである。気安くコンバートなどできない。

　というわけで、このオープニングの章では、日本語と英語の「発想法の違い」について触れることにした。最初から単なる技術論では、あまり遠くまで進むことはできないと思うからだ。

　さて、細かく挙げればキリがないが、日本人から見た英語的発想の最大特徴は、「はじめに」でも触れたように、①**「人間中心主義」**、②**「存在表現より所有表現」**の2点にしぼられると思う。この2つは密接にかかわっている。順に説明していこう。

❶　人間中心主義

　以前、英語教材を作っていた頃の話だ。アメリカ人の校閲者から、こんな忠告を受けたことがある。

　──走っている車を指して、「あの車、どこへ行くんだろう？」と言うのは、日本語の世界では何も不自然ではありません。しかし、これをそのまま英語にして、

　Where is that car going?
と言うと、われわれには奇妙に聞こえます。車は勝手に走るものではなく、人が運転して走らせるものです。だから、この場合、運転者を指して、

Words of 200 People　　　　　　　● Edward Verrall Lucas ●

I am a believer in punctuality though it makes me very lonely.
私は、時間厳守は譲らない。そのために、どんなに孤独な思いをさせられるとしても。

Where is **he** going?

と言わなければならないのです。どこへ行くかは、車ではなく運転者の心の中にあるのです。──

　このように、物事を動かす主体としての「人間」をできる限り表に出そうとするのが、英語的発想の特徴である。車は人間が作った道具だ。その道具が勝手に走りだしたらたまらない、という発想なのだ。

　これに対し、日本語は、主体としての「人間」を隠そう隠そうとする。物事があたかもひとりでに動いているような言い方を好む。「人間中心主義」に対し、**「ことがら中心主義」**とでも言ったらいいだろうか。いくつか例をお見せしよう。

　次の5つの日本文を英語で表す時、どのように発想転換が起こるか、予測していただきたい。

◎ 発想転換ドリル1 ◎
(1)「ここはどこ？」
(2)「このあたりは初めてだ」
(3)「今、何時？」
(4)「今は4月だ」
(5)「春はけだるい」

200人のホンネ ● George Balanchine ●

I am a choreographer. A choreographer is a poet. I do not create. God creates.
私は振り付け師だ。振り付け師は詩人だ。私が創造するのではなく、神が創造するのだ。

では、英語的発想に直しながら、正解を示していこう。

(1)「ここはどこ？」はWhere is here?とは言わない。「私はどこにいるのか？」と「私」を主語にした表現に言い換える。

答え Where am I?

——あくまで「人間中心」である。

(2)「このあたりは初めてだ」も「私はこの辺ではよそ者だ」と「私」を表に出して表す。

答え I'm a stranger here.

——これまた「人間中心」の表現法である。

(3)「今、何時？」はもちろんWhat time is it?でもいいのだが、「あなたは時間を持っていますか」とyouを主語にした言い方もよく使われる。

答え Do you have the time?

——時間ですら人間の所有物みたいに言われるのは、ちょっと驚きである。

ついでながら、「あなたのお名前は？」と聞く時に、May I have your name?（あなたの名前を持っていいですか）のように表現することがある。この場合は、

Words of 200 People ● Mikhail Gorbachev ●

I am a Communist, a convinced Communist! For some that may be a fantasy. But to me it is my main goal.
私はコミュニスト、確固たるコミュニストだ。そんなものは幻想だという人もいるだろうが、私にとっては究極の目標なのだ。

相手の名前が所有物とされている。日本語の「お名前ください」に、少し似ている。

(4)「今は4月だ」はNow is April.とは言わない。「人」を主語にして「われわれは4月の中にいる」のように表す。
答え We are in April.
——時の流れにおいても、あくまで中心は「人間」である。

(5)「春はけだるい」をそのままSpring is lazy.としたら、春が怠け者になってしまう。ここでもIを主語に立て、「私は春はけだるく感じる」のように表す。
答え I feel lazy in spring.
——やはり「人間」が主役である。

どうだろう。日本語は、主体としての「人間」を隠そう隠そうとする。物事は人間の意志とはかかわりなく勝手に進行するというイメージが強い。これに対し、英語は、必要以上に「人間」を表に出そうとする。あたかも、この世の中心に「人間」が位置しているかのようである。ここのところの発想の違いを感じ取って

200人のホンネ ● Andy Warhol ●

I am a deeply superficial person.
私は"根深く皮相的な"人間です。

いただけただろうか。

　少し視点を変えて、もう5題、追加練習してみよう。

発想転換ドリル2
(6)「体重が増えた」
(7)「5万円たまった」
(8)「こづかいがなくなった」
(9)「靴に砂が入った」
(10)「しゃっくりが止まらない」

　例によって発想転換の様子を観察していこう。

(6)「体重が増えた」と言うと、体重が勝手に増えたように聞こえる。英語では「私は体重を増やした」のように言う。

答え I have gained weight.

　――体重の増減に関する責任は、「私」にあるとする発想である。

(7)「5万円たまった」。これもお金が勝手に増えるようで、英語的にはおかしい。ためる人がいるからこそたまるのである。すなわち「私は5万円をためた」。

Words of 200 People ● Arthur Marshall ●

I am a great admirer of Margaret Thatcher: one of the most splendid headmistresses there has ever been.
私はマーガレット・サッチャーを賞賛してやまない。彼女はかつて存在した最も傑出した"女校長"の1人である。

第1章　英語の2大発想

答え I have saved fifty thousand yen.
　──やはり「人間」が主体である。

(8)「こづかいがなくなった」も、こづかいがひとりでに消えるわけではない。「私はこづかいを使い果たした」と言わないと無責任な感じがする。
答え I ran out of my allowance.(アラウアンス)
　──同様に「パスポートがなくなった」も I've lost my passport. である。

(9)「靴に砂が入った」。砂は入りたくて靴の中に入ったわけではない。英語的には、無理やりIを主語にして、こう言う。「私は靴に砂を入れてしまった」
答え I got sand in my shoes.
　──ここでも、私の世界の中心には常に「I」が鎮座している。

(10)「しゃっくりが止まらない」という言い方は、人間がまるで自動人形みたいである。日本人には抵抗があるが、これもIを主語にして表現する。「私はしゃっくりを止められない」
答え I can't get rid of the hiccups.(ヒカプス)

200人のホンネ　　　　● Bishop Desmond Tutu ●

I am a leader by default, only because nature does not allow a vacuum.
私は対抗馬なしで首長となった。自然は真空を嫌うという理由だけで。

誤解していただきたくないのだが、私は、英語の表現のほうが責任があって立派だ、などと主張したいのではない。しゃっくりを自分の意志で止められる人など滅多にいないのだから、日本語流の「しゃっくりが止まらない」のほうが、私だってしっくりいく。

　問題は表現法の優劣ではない。英語には英語のクセがあることを知っておこう、と言っているだけなのだ。

　われわれが英語的発想にしっくりいかないのと同様に、英語を母国語とする人たちには、日本語的発想をそのまま英語世界に持ち込んでも、しっくりこないはずだ。

　たとえば、「記憶にございません」という抗弁は、日本語の表現法に支えられている。英語では、I don't remember...とIを主語にして表現するので、日本語の時よりもはるかに無責任に響くだろう。まして、日本流に、There is no memory...などという言い逃れが認められるはずがない。

　「ごめんね」という言葉には「私」は隠れているが、I'm sorryでは「私」が顔を出す。同様に、「あいにく」という言葉には「私」は隠れているが、I'm afraid(アフレイド)と言えば「私」が顔を出す。会話の中に「私」がしゃしゃり出る場面が、英語では圧倒的に多いのである。

Words of 200 People　　　　　　　　　● Jean Cocteau ●

I am a lie who always speaks the truth.
私は常に真理を語るウソである。

英会話をスムーズに行おうとすれば、あらかじめ英語的発想を理解しておくことが必須である。I'm sorry や I'm afraid と言うたびに、「世界の主人公はこの私ですよ」と主張する「私」がいるのである。好むと好まざるとにかかわらず……。

人格尊重主義

「人間中心主義」の延長線上に「**人格尊重主義**」が見えてくる。
「人格尊重主義」とはどういうものか、ご説明しよう。例によって5題の練習問題にチャレンジしていただきたい。

> ◎ **発想転換ドリル3** ◎
> (11)「彼の言うことは信じられない」
> (12)「話の腰を折らないでくれ」
> (13)「兄が宿題を手伝ってくれた」
> (14)「彼は私の手をつかまえた」
> (15)「ボールが頭に当たった」

(11)「彼の言うことは信じられない」という文。人は自分の発言には責任を持たなくてはならない。だから、

200人のホンネ ● R.Buckminster Fuller ●

I am a passenger on the spaceship, Earth.
私は「宇宙船地球号」の乗客である。

「彼の言うこと」は即「彼の人格」そのものである。従って、英語では「彼が信じられない」とストレートに言っても同じことになる。

答え I can't believe him.

——話の主題は、単に「彼の発言」ではなく、「彼の人格」に及んでいる。これが「人間中心主義」が「人格尊重主義」に移行する"現場"である。

⑿「話の腰を折らないでくれ」は、要するに、話をしている「私の人格」を尊重してくれ、ということだ。英語ではこう言う。「私が話をしている時に邪魔しないでくれ」

答え Don't interrupt(インタラプト) me when I am talking.

——when以下を省略すると、Don't interrupt me.「私を邪魔しないでくれ」と「私の人格」がくっきり浮き上がってくる。話をしかけた人には、話を続ける権利があるのだ。

⒀「兄が宿題を手伝ってくれた」という日本語をそのまま英語にすると、宿題という人を手伝ったように響く。兄が手伝ったのは宿題ではなく「私」である。英語的には「兄は私を、宿題で手伝ってくれた」と表現

Words of 200 People ● Mao Tse-tung ●

I am alone with the masses.
私は大衆の中にあって孤独だ。

する。

答え My brother helped me with my homework.

　——宿題が恩義を感じるわけではなく、手伝ってもらった「私」が恩義を感じるのだ。ここにも「人対人」「人格対人格」の発想法が見てとれる。

(14)「彼は私の手をつかまえた」は、「私」をつかまえる手段として、「私の手」をつかんだのだ。だから、英語的には「彼は私を、手の所でつかまえた」となる。

答え He caught me by the hand.

　——同様に、「彼は私の頭をぶった」なら、He struck me on the head.である。「私の頭」が怒るのではなく、ぶたれた「私」が怒るのだ。ここにも「人格対人格」のぶつかり合いがある。

(15)「ボールが頭に当たった」の場合、相手はボールである。しかし、この場合ボールはあくまで「私」の人格に対して痛打を加える。英語的には「ボールは私を、頭の所で打った」となる。ある意味で、ボールにまで人格を認めているような表現である。

答え A ball hit me on the head.

　——もとの日本語の「ボールが頭に当たった」とい

200人のホンネ　　　　　　　　　● Winston Churchill ●

I am always ready to learn but I do not always like being taught.
私はいつでも喜んで学ぶが、教えられるのを常に好むというわけではない。

う、諦めムードと比べていただきたい。

　日本語の「彼は私の頭をぶった」や「ボールが頭に当たった」という文では、被害を受けているのは「私の頭」であって「私」ではない。どこか他人事みたいな冷めたところがある。これに対し、英語では明らかに〈直接目的語の me〉が被害者となっている。「私という人格」が痛みを訴えているのである。

　このように、「人間中心主義」の延長線上に「人格尊重主義」が見えてくるというのが、私の英語の捉え方である。ご納得いただけたであろうか。
「地震で目が覚めた」を An earthquake（ア～スクエイク） woke me up.（地震が私を起こした）と表す時、地震に意志があって私を揺り動かしているように聞こえる。これがいわゆる**「無生物主語」**の世界である。「物」であれ「人」であれ、行為の主体を重んじる態度、と言ってもいい。

　——では次に、2大発想法の第2番目の説明に移ることにしよう。実はこれも、「人間中心主義」の延長線上に見えてくる特質なのである。

Words of 200 People ● Samuel Johnson ●

I am always sorry when any language is lost, because languages are the pedigree of nations.
いかなる言語であれ、消滅するのは悲しいことだ。言語は国家国民の根源だからだ。

❷ 「存在表現」より「所有表現」

　会議の席上で「提案があります」と言う時、英語ではどう言うだろう。日本語をそのまま直訳して、There is a suggestion.では、いかにもおかしい。冷蔵庫の中に提案が冷やしてあるみたいである。

　こういう時、英語では、主語にIを立て、動詞 haveを用いて、こう言う。

I have a suggestion.

　提案を提出するのは「この私」である。

　日本語では「～があります」と「存在表現」が使われているが、英語では「私は～を持つ」と「所有表現」になっている。主語にIを立てるという点で、先ほど「人間中心主義」の延長線上と言ったのである。おわかりいただけただろうか。

　では、例によって「発想転換ドリル」をいくつかやってみよう。

◎ 発想転換ドリル 4 ◎
(1)「私にいい考えがある」
(2)「時間の余裕がない」

200人のホンネ　　　　　　　　● Harold Wilson ●

I am an optimist. But I'm an optimist who takes his raincoat.
私は楽観主義者だ。ただし、いつもレインコートを持ち歩く楽観主義者である。

> (3)「君には明るい未来がある」
> (4)「試合に勝つ見込みは十分ある」
> (5)「何か質問はありますか」

(1)「私にいい考えがある」は「私はいい考えを持っている」と英語化する。

答え I have a good idea.

——先ほどの I have a suggestion. の応用である。

(2)「時間の余裕がない」は、「われわれは、さいてもいい時間を持たない」と英語化する。

答え We have no time to spare.

——これは、きわめて英語的表現である。no time の部分も直訳するとすれば、「われわれは、さいてもいいゼロの時間を持つ」となる。「ゼロの時間を持つ」とは「時間を持たない」ということの強調化である。not よりも no のほうが強い響きを持つからである。

(3)「君には明るい未来がある」は、きわめて日本的な表現だ。「君には明るい未来が待っている」というのも同様。英語の世界では、明るい未来は君を待ってい

Words of 200 People ● Henry Kissinger ●

I am being frank about myself in this book. I tell of my first mistake on page 850.
この本は自分に正直に書いた。850ページ目に、私の最初の失敗について言及している。

たりしない。明るい未来を切り開くのは「君」自身である。だから、英語的には「君は明るい未来を持つ」と表現する。いささか「捕らぬタヌキ」に近いような気もするが…。

答え You have a bright future.

——現在形で言い切るのがはばかられる場合には、You have a bright future before you.「君の前途に…」と言い足して、多少緩和することも可能である。

(4)「試合に勝つ見込みは十分ある」の場合も、試合を行う主体を表に出して、こう言う。「われわれは試合に勝つ見込みを持つ」と。

答え We have a good chance of winning the game.

——日本的には、勝負の結果は運次第みたいなところがある。しかし、英語の世界では、勝利は呼び込むもので、舞い込むものではない。

(5)「何か質問はありますか」という質問。やはり have を用いて「あなたは質問を持っているか」と尋ねる。

答え Do you have any questions?

——質問は宙に浮いているものではない。自分の頭で考えて口に出すものなのだ。ここに、「人間中心主

200人のホンネ ● Winston Churchill ●

I am bored with it all.
私はすべてに退屈した。(チャーチルの最後の言葉)

義」が作用し、「存在表現より所有表現」の原理が働くのである。

もう5題、同様の練習を続けよう。

● 発想転換ドリル5 ●
(6)「彼にはユーモア感覚がある」
(7)「彼女には音楽の才能がある」
(8)「姉には時間の観念がない」
(9)「この部屋には窓がない」
(10)「太陽には惑星が9つある」

---

(6)「彼にはユーモア感覚がある」。ここまでくれば、容易に英語に直すことができるだろう。「彼はユーモアの感覚を持つ」と表現する。

答え He has a sense of humor.

——次の(7)と(8)も類例である。

(7)「彼女には音楽の才能がある」は「彼女は音楽の才能を持つ」と英語化する。

答え She has a genius(ジーニアス) for music.

——才能を磨く術を知っているのも才能のうちだ。才能は、人間が所有し、自分の責任において育むもの

Words of 200 People ● G.C.Lichtenberg ●

I am convinced we do not only love ourselves in others but hate ourselves in others too.
思うにわれわれは、他人の中の自分自身を愛するだけでなく、憎みもする。

第1章 英語の2大発想

なのだ。少なくともこの英文を読む限り。どこまでも「人間」主体である。

(8)「姉には時間の観念がない」は「姉は時間の観念を持たない」と表す。
答え My sister has no sense of time.
——ここでもnotより強烈なnoが使われている。noは「これっぽっちも」と強調がかかった言葉なのである。

(9)「この部屋には窓がない」。前項「人間中心主義」の最後のほうにも、「物」を主語にする表現法、いわゆる「無生物主語」が出てきたが、ここでまた再登場である。「この部屋は窓を持たない」と英語化する。「部屋」が所有者となる。
答え This room has no window.
——noを強調語として訳すなら、「この部屋には窓が1つもない」となるだろう。

(10)「太陽には惑星が9つある」。太陽に手があるわけではないが、太陽が惑星を所有しているとイメージする。すなわち、「太陽は9つの惑星を持つ」。

200人のホンネ ● Alexander the Great ●
I am dying with the help of too many physicians.
私は、治療する医者が多すぎて、死にかけている。

答え The sun has nine planets.

——「この本にはイラストがたくさんある」などと言う時も、本を主語にして、こう表現できる。This book has a lot of illustrations.

このように「無生物主語」を用いた「所有」の表現は、数えきれぬほどの応用例がある。きわめて英語的な表現の代表と言っていいだろう。

われわれ日本人の場合、「所有物」は欲しくて手に入れたものに限る。だから、次のようなhaveの使い方には、どうしても違和感を感じてしまう。

「車がパンクした」
→My car **had** a flat tire.
「昨日はひどい目にあった」
→Yesterday I **had** a hard time.
「昨年は不景気だった」
→We **had** bad times last year.

要するに、英語は「**所有者**」と「**所有物**」という二面から物を捉えるのが好きなのだ。

兄は妹を持ち、妹は兄を持つ。文字通り、持ちつ持たれつの関係だ。これに対し、日本語の世界では、気づいてみたら兄がおり、妹がいた、ということになる。

Words of 200 People ● Margaret Thatcher ●

I am extraordinarily patient provided I get my own way in the end.
最後には自分の思い通りになると思えばこそ、私はどんなことも我慢する。

昨今ベストセラーになった『金持ち父さん　貧乏父さん』(筑摩書房刊)の冒頭の1文の翻訳はこうなっている。
「私には二人の父がいる」
　これに対し、英語の原文は当然、動詞 have を使っている。
　I had two fathers.(私は2人の父を持っていた。)
　この場合、1人は実の父、もう1人は友人の父親なのだが、英語的には I had two fathers. と表して何も支障はないのである。
　いかに英語が「所有表現」を好むか、ここまでの説明でご納得いただけたと思う。
　最後に、この「存在表現より所有表現」の項にも、実は発展事項が1つある。もう少しだけお付き合いいただきたい。

「〜は…が」の文の訳し方

　日本語には、「ゾウは鼻が長い」「キリンは首が長い」「兄は足が短い」のような「〜は…が」という表現法がある。これらを英訳する時、動詞 have を使うのが便利だ。
「ゾウは鼻が長い」だったら、An elephant **has** a long

200人のホンネ　　　● José Ortega y Gasset ●

I am I plus my surroundings.
私は「自分＋環境」だ。

trunk. または、複数形で、Elephants **have** long trunks. と言う。

このように、「〜は…が」の表現例は無数にあるが、代表例を5つ選び、次に練習することにしよう。すべて動詞 have を用い、「所有表現」として処理することになる。

◉ 発想転換ドリル6 ◉

(11)「姉はスタイルがいい」
(12)「父は視野が広い」
(13)「母は神経が太い」
(14)「妹は個性が強い」
(15)「弟は意志が弱い」

---

(11)「姉はスタイルがいい」。「姉はよいスタイルを持つ」と変える。

答え My sister has a good figure.

(12)「父は視野が広い」。「父は広い視野を持つ」と変える。

答え My father has a broad view of things.
　――似た例をもう1つ。

Words of 200 People ● **Berkeley University** 作成のスローガン ●

I am just a computer card — do not spindle, fold, tear or mutilate.
私はコンピュータのカードです。丸めないで、折りたたまないで、引き裂かないで、切らないで！

「父は交際範囲が広い」
→ My father **has** a large circle of friends.

(13)「母は神経が太い」。「母は太い神経を持つ」と変える。

答え My mother has plenty of nerve.

――これも似た例をもう1つ。
「彼女は自尊心が強い」
→ She **has** much self-respect.
<ruby>セルフリスペクト</ruby>

(14)「妹は個性が強い」。「妹は強い個性を持つ」と変える。

答え My sister has a strong personality.
<ruby>パ〜サナリティ</ruby>

(15)「弟は意志が弱い」。「弟は弱い意志を持つ」と変える。

答え My brother has a weak will.

――逆に、「弟は意志が強い」なら、当然こうなる。
→ My brother **has** a strong will.

これでこの章はおしまいである。
この章では、英語の2大発想について扱った。それは、①「人間中心主義」、②「存在表現より所有表現」の2つであった。

200人のホンネ ● Charles F. Kettering ●

I am interested in the future, for that is where I expect to spend the rest of my life.
私は未来に興味がある。余生を過ごすのはそこでだからだ。

①の発展事項として「人格尊重主義」に触れた。
　また、②の発展事項として「〜は…が」という日本文を動詞haveを用いて英語にする例を見てきた。
　①②を通じて言えるのは、英語は「人」を表に出すクセがあるということ。また、その応用として、「物」も擬人的に主語にする場合がある（無生物主語）ということである。
「人間中心主義」ないし「人格尊重主義」が、本書全体のバックボーンとなる。
　要するに、英語では「人」が前面に出ようとする。日本語では「人」が背後に隠れる。
「人」を前面に出したがる、という英語の最大特徴を踏まえて英語の勉強をしていかないと、すべては砂上の楼閣になる恐れがある。それが、本書での私の主張点である。そのことを訴えるために、この第1章を設けたのである。
　次の第2章では、「英会話の原理」へと話を進めたいと思う。

Words of 200 People ● Richard Nixon ●

I am not a crook.
私は悪党なんかではない。

復習コーナー

本章で学んだ英文を、もう1度思い出そう。

①人間中心主義

(1) Where am **I**?
(2) **I**'m a stranger here.
(3) Do **you** have the time?
(4) **We** are in April.
(5) **I** feel lazy in spring.
(6) **I** have gained weight.
(7) **I** have saved fifty thousand yen.
(8) **I** ran out of my allowance.
(9) **I** got sand in my shoes.
(10) **I** can't get rid of the hiccups.
(11) I can't believe **him**.
(12) Don't interrupt **me** when I am talking.
(13) My brother helped **me** with my homework.
(14) He caught **me** by the hand.
(15) A ball hit **me** on the head.

②存在表現より所有表現

(1) I **have** a good idea.
(2) We **have** no time to spare.
(3) You **have** a bright future.
(4) We **have** a good chance of winning the game.
(5) Do you **have** any questions?

200人のホンネ ● Edward Heath ●

I am not a product of privilege, I am a product of opportunity.
私が英国首相になったのは、特権によってではない。機会によってだ。

(6) He **has** a sense of humor.
(7) She **has** a genius for music.
(8) My sister **has** no sense of time.
(9) This room **has** no window.
(10) The sun **has** nine planets.
(11) My sister **has** a good figure.
(12) My father **has** a broad view of things.
(13) My mother **has** plenty of nerve.
(14) My sister **has** a strong personality.
(15) My brother **has** a weak will.

　これらは、日英の発想法の違いをご理解いただくために集めた例文だが、難しい文はひとつもない。むしろ、きわめて初歩的な文の中に、英語の特質を理解する鍵があると思う。

　実は、これらの英文のほとんどは、中学生向けの和英辞典（『**ハウディ和英辞典**』講談社刊）に載っている。

　思うに、平易と平板は違う。やさしい英文ほど、よく観察すれば、英語の特質が見えやすくなっている、というのが私の考えである。

Words of 200 People ● **Muhammar Gaddhafi** ●

I am not afraid of anything. If you fear God you do not fear anything else.
私は何も恐れない。神を恐れる者は、神以外の何も怖くないのだ。

2章 英会話の原理

第1章では、英語は「人」を表に出したがる言語だということについてお話しした。

この第2章では、このような英語の特質が、英会話の学習とどのように関係しているかを見ていこうと思う。

さっそくだが、ここに典型的な4セットの「英会話」がある。これらを順に読みながら、話を進めることにしよう。

まず最初の会話は、テレビを前に、妻が夫に話しかけている。

◎ 会話例1 ◎

A : Do you remember what comes on next?
B : I believe there's a variety show on.
  （ヴァライアティ）

200人のホンネ　　　　　　　　　　● Vincent Van Gogh ●

I am not an adventurer by choice but by fate.
私は自らの選択で冒険者なのではなく、運命によって冒険者なのだ。

> **A**: Would you mind if I watched it?
> **B**: Well, I rather wanted to see the football match.
>
> **妻**: このあと何やるか覚えてる？
> **夫**: バラエティ番組だと思うよ。
> **妻**: 見てもいい？
> **夫**: うーん、サッカーを見たかったんだけどな。

　何の変哲もない、夫婦の会話である。（日本語もなるべく自然体で訳してある。）

　ここで私が注意をうながしたいのは、英語では、妻の発言にも夫の発言にも、必ずIかyouが含まれている、ということだ。確かめてみよう。

① Do **you** remember...
② **I** believe...
③ Would **you** mind...
④ **I** rather wanted...

　これに対し、日本語では、「私」も「あなた」も表舞台からまったく影をひそめている。

　何気ない会話の中でも、英語ではIとyouが表舞台に見え隠れし、日本語では背後に消えていく。当たり

Words of 200 People　　　　　　　　● Charlie Chaplin ●

I am not interested in laughter — I just made a living from it.
私は「笑い」に興味があるのではない。「笑い」で生計を立てているだけだ。

第2章　英会話の原理　　33

前のことのようだが、これはとても大事な点である。

　もっと例を見てみよう。

　2つ目の会話例は、ホテルで部屋を予約するシーンである。

◎ 会話例2 ◎

A：Can I book a single room from today until Monday?
B：You can have Room 308, overlooking the sea.
　　　　　　　　　　　　　　　オウヴァルッキング
A：Can I have a look at it, please.
B：Of course. Would you like to follow me?

A：今日から月曜日までシングルの部屋を予約したいんですが。
B：308号室が空いています。海が眺望できますよ。
A：部屋を見てみたいんだけど。
B：いいですよ。どうぞついて来て下さい。

　これまた、ごく一般的な会話例である。

　ここにおいても、英語は、Iとyouのやりとりに終始している。

　① Can I book...

200人のホンネ ● Jacques Chirac ●

I am not prepared to accept the economics of a housewife.
私は"主婦の経済学"を受け入れる気はない。（サッチャー首相の悪口）

② **You** can have...
③ Can **I** have...
④ Would **you** like...

　これに対し、日本語には「私」も「あなた」も1度も登場しない。まるで、「ことがら」だけが進行し、「私」も「あなた」もドラマの背後で黒子のように息をひそめているかのようだ。

　ここでも「人間中心主義」の英語と「ことがら中心主義」の日本語の違いが、浮き彫りになっている。

　前章でもことわったが、これは言語の優劣の問題とは違う。日本語の会話の中に、英語式に「私」や「あなた」をいちいち持ち込んだら、とてもぎこちなく響くに違いない。英語には英語のクセ、日本語には日本語のクセがあるのだ。

　ついでながら、日本語では「308号室が空いてます」となっているところが、英語では、You can **have** Room 308. と have を用いて表現されている。

　また、「部屋を見てみたいんだけど」のところも、Can I **have** a look at it, please. と、これまた have が使われている。ともに第1章で私が主張した、英語は「所有表現」を好むという説を裏づける好例になっている。haveはまるで万能選手のようによく働く。

Words of 200 People　　　　　　　　　　● Louis XIV ●

I am the state.
朕は国家なり。

では、3番目の会話例に進もう。今度はレストランでの友人同士の会話である。

> ### ● 会話例3 ●
> A: What would you like to drink?
> B: I feel like a cup of tea.
> A: Would you care for some cake?
> B: Yes, I'll try a piece of cheese cake.
> A: I think I'll join you.
>
> A: 何飲む？
> B: 紅茶がいいわ。
> A: ケーキ欲しくない？
> B: うん、チーズケーキ、試そうかしら。
> A: 私も乗っちゃおうかな。

この会話例でも、英語と日本語を見比べていただきたい。

英語の会話には、必ずIとyouが登場し、やりとりの主人公となっている。

① What would **you** like...
② **I** feel like...

200人のホンネ ● Napoleon Bonaparte ●

I am the successor, not of Louis XVI, but of Charlemagne.
私はルイ16世の後継者なのではなく、シャルルマーニュ王朝の後継者である。

③ Would **you** care...
④ **I**'ll try...
⑤ **I** think **I**'ll...

これに対し、日本語では、「私」も「あなた」もほとんど登場しない。これまでの例と、まったく変わらない。

唯一の例外は、最後のAさんの「私も乗っちゃおうかな」である。この場合、相手の行動に自分も同調することを示すため、どうしても「私」を出す必要があったのだ。

このように、日本語の会話では、「私」が顔を出すのは、むしろ必要に迫られた特別の場合だけだ。「私」と「あなた」がいないと会話が成立しない英語とは大違いである。

では、最後に4番目の会話例に進もう。今回はバスの運転手と客の会話である。

● 会話例 4 ●

A: Do you go to the museum?(ミューズィアム)
B: No, you'll have to get off at the hospital, and take an 18.

Words of 200 People ● Norman O.Brown ●

I am what is mine. Personality is the original personal property.
私は「自分が所有するもの」とイコールだ。パーソナリティこそ人それぞれに固有の財産である。

第2章 英会話の原理

> A : Could you tell me when we get there?
> B : I'll tell you in good time.
>
> A : 博物館へ行きますか。
> B : いや。病院前で降りて、18系統に乗らないとだめですね。
> A : 病院前についたら教えてくれますか。
> B : ころあいになったら、声をかけますよ。

例によって、英語の文がIとyouに支えられていることを確認しておこう。
① Do **you** go...
② **you**'ll have to...
③ Could **you** tell...
④ **I**'ll tell you...

最初の文。日本語なら「このバスは博物館へ行きますか」と「バス」を主語にして言うところだが、「あなたは博物館に行きますか」とyouを主語にして言っている。バスではなく、運転手に話しかけているのだから、英語的には当然である。

ここでも「人間中心主義」の新たな証拠物件が見つ

200人のホンネ ● Sally Kempton ●

I became a feminist as an alternative to becoming a masochist.
私はマゾヒストの代替物としてフェミニストになったのだ。

かった、というわけだ。

英会話には「型」がある

さて、4つの会話を見てきたわけだが、もう読者の中には、私のもくろみに気づいた方がおられると思う。

4つの会話に出てくる英文の冒頭の部分に、もう1度注目してほしい。登場した順に並べる。中には、複数回使われた表現もある。

◎ ①I を主語にした文の場合 ◎

I believe...	**I** feel like...
I rather wanted to ...	**I**'ll...　（複数）
Can **I**...?　（複数）	**I** think...

◎ ② you を主語にした文の場合 ◎

Do **you**...?　（複数）	What would **you** like...?
Would **you**...?　（複数）	**You**'ll have to...
You can...	Could **you**...?

これらは、英会話に使われる典型的な表現法ばかりである。英会話をスムーズに進めるための「符牒」のようなものだ、と言ってもいい。

Words of 200 People ● Bob Dylan ●

I believe that instinct is what makes a genius a genius.
私は、本能こそ天才を天才たらしめるものだと信じる。

英会話とは、中身が何であれ、結局は「Iとyouの間に成立するドラマ」なのだ。そのことを、英語の場合は、発言の1つ1つで確かめ合っていると言ってもいい。
「──私はこう思う」
「──あなたはどう思う？」
「──私はこうしたい」
「──あなたはどうしたい？」
「──私はあなたにこうしてほしい」
「──あなたは私にどうしてほしい？」
といった具合である。

　これら、「Iとyouを主語とする文例」に慣れ親しんでおけば、英会話はグッとしやすくなる。

　日本人が英会話に堪能になるためには、まず、第1に、「人」を表に出す考え方に慣れる必要がある。そして、第2に、Iとyouを用いた表現法に習熟する必要がある、というのが私の考えなのである。言い方を変えると、Iとyouを主語に立てた言い方（考え方）に慣れない限り、永久に英会話はできるようにはならないのだ。

200人のホンネ　　　　　　　　　　　　　● Kenneth Clark ●

I believe that order is better than chaos, creation better than destruction.
私は、秩序は混沌にまさり、創造は破壊にまさると信じる。

シンプル・イズ・ベスト

私は、初心者の学習は「シンプル・イズ・ベスト」だと思っている。

あれこれ複雑なことを考えるより、方向を決めて、まっすぐ進むのがよいと思っている。英会話の場合で言えば、何はともあれ「Iとyouを主語とする文例」に慣れ親しむのが近道である。

方法論としてあまりに単純すぎないか、と不安に思われる方のために、いくつかデータを示すことにしたい。

最近、英会話のデータブックとしてベストセラーになった本に、DHC刊の『英会話とっさのひとこと辞典』がある。この本の巻末索引を利用して、全文例の中で、「Iが主語の文」「youが主語の文」および「Let's...などの文」の占める割合を調べてみた。最後の「Let's...などの文」の中には、命令文やLet me...など、「Iとyouの間でかわされる表現」を含む。

全文例	2244	割合	
Iが主語の文	628	28.0%	
youが主語の文	216	9.6%	50.0%
Let's...などの文	278	12.4%	

Words of 200 People ● Georges Bataille ●

I believe that truth has only one face: that of a violent contradiction.
私は、真理はただ1つの顔しか持たないと信ずる。すなわち、極度の矛盾という。

この結果により、「Iとyou」にからむ表現だけで、英会話の常套句の半数に達することがわかるのである。
　では、「Iが主語の文」の中身のランキングも見てみよう。単純に文頭の形で順位をつけると、次のようになる。

(1) I'm　　　　(163)
(2) I don't　　　(49)
(3) I have　　　(45)
(4) I can't　　　(38)
(5) I'd　　　　(34)
(5) I'll　　　　(34)
(7) May I　　　(32)
(8) I've　　　　(26)
(9) Can I　　　(24)
(10) I feel　　　(16)

　この結果から、英会話を攻略するには、「Iが主語の文」をマークし、中でも「I'mで始まる文」から攻略するのが最も効率的であることがわかる。
　ついでながら、「youが主語の文」の中身も確認しておこう。

(1) Do you　　　(38)
(2) Are you　　　(36)

200人のホンネ　　　　　　　　　● Will Rogers ●

I belong to no organized political party—I am a Democrat.
私はいかなる組織された政党にも属さぬ。私は民主党員だ！

(3) Would you　　(32)
(3) You're　　(32)
(5) Could you　　(17)
(5) Did you　　(17)
(7) You have　　(16)
(8) You look　　(10)
(8) What do you　(10)
(10) How do you　　(9)

さらに、「Let's...などの文」すなわち「Iとyouにからむ表現」として私がノミネートした表現の上位5つはこうなっている。

(1) Don't　　(71)
(2) Let's　　(52)
(3) Please　　(32)
(4) Thanks　　(17)
(5) Let me　　(15)

もちろんこのたった1冊の本のデータでもって「英会話」の全貌を語ることはできない。しかし、おおよその土地勘をつけるには、これで十分だと思う。

私は「はじめに」の中で、場面別の「会話サンプル」をいくら読んでも会話力はつかない、と語った。むしろ、英会話に頻出する「型」を覚えるほうが、学習も

Words of 200 People　　　　　　　　　● J. Paul Getty ●
I buy when other people are selling.
他の人が売っている時に、私は買う。

第2章　英会話の原理　　43

進むし応用もきく、と説いた。これらのデータをご覧になって、私の言いたいことが少しご納得いただけたのではないだろうか。

　前宣伝になるが、本書の第6章「"I"モードの英語術」、第7章「"You"モードの英語術」は、それら「英会話頻出表現」のオンパレードである。この2つの章に掲載した大量の英文に親しんでおけば、おおかたの場面で英会話に困ることはなくなるはずである。

　英会話には一定の「型」があるのだ。それを無視して、応用例ばかり読みあさっても、会話力がつくはずはない。本書を読んで、どうかあなたの会話技術に自信をつけていただきたい。それが、私が本書にこめた願いである。

ある翻訳実験

　さて、この章の前のほうで、私は、日本語の会話の中に、英語式に「私」や「あなた」をいちいち持ち込んだら、とてもぎこちなく響くに違いない、と書いた。「会話例4」をもとに、「私」や「あなた」をすべて訳出したらどんな日本語になるか、実演してみたい。訳文の調子も"学校英語的"直訳体で行く。

200人のホンネ　　　　　　　　　　　　　　　　● Nancy Astor ●

I can conceive of nothing worse than a man-governed world — except a woman-governed world.
男が支配する世界より悪いものは思いつかない。女が支配する世界以外なら。

> ### ● 会話例4 ●
>
> A : Do you go to the museum?
> B : No, you'll have to get off at the hospital, and take an 18.
> A : Could you tell me when we get there?
> B : I'll tell you in good time.
>
> A : あなたは博物館へ行きますか。
> B : いいえ。あなたは病院前で降り、18系統に乗らないとならないでしょう。
> A : あなたはそこについたら私に教えてくれますか。
> B : ころあいになったら、私はあなたに声をかけましょう。

この日本語を見て、日本人なら誰もが苦笑を禁じえないだろう。

だが、笑うのはまだ早い。こんな「翻訳実験」を本気で行った人がいるのだ。

まず、次の日本文を見てほしい。

「僕の父と僕は、僕の母と僕の妹にさよならを言った。」

何とも読みづらい日本語であるが、これは次の英文

Words of 200 People ● Alexander Fleming ●

I can only assume that God wanted penicillin, and that was his reason for creating Alexander Fleming.
私はただ、神がペニシリンを欲したのだと思う。そのために神は、アレグザンダー・フレミングなる人間を造りたもうたのだ。

第2章 英会話の原理

の逐語訳である。

　My father and I said good-bye to my mother and my sister.

　もとの英文は、英語のルールに従ってmyという人称代名詞を何度も繰り返し用いている。これらを１つも省略せずに訳すと上の訳文になる、というわけだ。

　実は、英語原文は、私も大好きなウィリアム・サローヤンの"Papa, You're Crazy"第２章冒頭の１文である。

　そして、和訳は、新潮文庫の翻訳『パパ・ユーア・クレイジー』（伊丹十三訳）をそのまま引用させていただいた。

　伊丹氏は「あとがき」の中で、この翻訳について、こんなふうに語っている。

　――西洋人における自我の確立と、省略されぬ人称代名詞とが、どこかで深く結びついていることだけは確かであろうと思う。そこで私はこの小説を翻訳するに当って、自分に一つのルールを課すことにした。すなわち、原文の人称代名詞を可能な限り省略しない、というのがそれである。――

　これは、「人」を表に出す英語の特質を日本語の世界に持ち込むとどうなるかを見るためには、恰好の実

200人のホンネ　　　　　　　　　　● Billy Graham ●

I can tell you that God is alive because I talked to him this morning.
私は皆さんに神は生きている、と申し上げることができます。けさも私は彼と話をしましたから。

験となっている。結果は先ほどご覧の通りだ。

　通常の日本語なら、「父と僕は、母と妹にさよならを言った」ですまされるはずである。むしろ訳す必要のない人称代名詞まで無理に訳出すると、登場人物が増えたような錯覚すら与えかねない。日本語には日本語独特の「省略の論理」が働いているのだ。

　2つの訳文のどちらを好むかは好き好きだが、少なくとも人称代名詞をすべて訳出した日本語が、通常の日本語とはほど遠い響きになることだけは確かだろう。

人称とは何か？

「人称とは何か？」という問題は、英語という言語を知る上でとても大事な点なのに、きちんと説明されることが少ないのは残念である。

　中学1年で「アイ・マイ・ミー」の表を習う時に、わずかに「1人称／2人称／3人称」という用語だけ教えて、それで終わりになっている。あるいは、「3単現の-s」の説明のために「人称」という言葉があるようにすら見える。

　しかし、「人称」は、単に「人称代名詞」を分類するためのテクニカル・タームなのではない。少し私の説明を聞いてほしい。

Words of 200 People　　　　　　　　● A.J. Liebling ●

I can write better than anybody who can write faster, and I can write faster than anybody who can write better.
私は、私より速く書ける誰よりもうまく書くことができ、私よりもうまく書ける誰よりも速く書くことができる。

まず、「**1人称**」。これは「話し手」（speaker）のことである。
　次に、「**2人称**」は「聞き手」（person spoken to）のこと。
　そして「**3人称**」は、「話し手」と「聞き手」以外の人やもの（neither speaker nor person spoken to）のことである。
　私が言いたいのは、「人称」とは「話す」という行為と密接にかかわる用語なのだ、ということだ。
　この「人称」の考え方に基づいて、次のことも明言することができる。

---

(1)すべての英文の背後には「話し手（書き手）」がいる。（1人称）
(2)すべての英文は「聞き手（読み手）」を前提としている。（2人称）
(3)その英文の中には、「話し手」や「聞き手」以外の「もろもろ」が登場する。（3人称）

---

　(1)は、こう言い換えることもできる。
「すべての英文の背後には"I"がいる」と。
　英会話とは、すでに書いたように、「私とあなたの

200人のホンネ　　　　　● Louis J.R. Agassiz ●
I cannot afford to waste my time making money.
私にはお金もうけのためにムダにする時間はない。

間のやりとり」である。すなわち、「1人称」と「2人称」の間のやりとりである。

ただし、「1人称」と「2人称」の関係は、会話においては相対的だ。「私」が話している時は、私がIで相手はyouである。しかし、相手が話している時には、この関係は逆転し、相手がIとなり、私のほうはyouとなる。そう考えると、英会話とは、結局「IとIの間のやりとり」と言ったほうが適切のようである。

第1章で、「人対人」「人格対人格」の関係が英会話の特徴と言ったのは、言い方を変えればそういうことになると思う。

「すべての英文の背後には"I"がいる」という文は、一見詭弁のように聞こえるかもしれない。しかし、こう考えていただきたいのだ。

たとえば、The sun has nine planets.という文は、Iを表に出して言えば、**I know** the sun has nine planets.ということを表している。

9つの惑星の存在が一般に認められる前の時代なら、**I believe** the sun has nine planets.と主張する人もいただろう。人によっては、**I suppose**(サポウズ) the sun has nine planets.「私は太陽には9つの惑星があると仮定する」と語ったかもしれない。

Words of 200 People ● Greta Garbo ●

I cannot see myself as a wife—ugly word.
私は自分を「妻」とみなすことはできない。それは忌むべき言葉だ。

第2章 英会話の原理

同様に、Is the earth really flat?「地球は本当に平らなのだろうか」という疑問文の場合なら、Iを表に出して、**I wonder** if the earth is really flat.と言い換えることができる。
　いやしくも文というものが人間によって話され、書かれたものならば、すべての文の背後にはIがいる。
　Iを表に出すか出さないかは、その必要性の有無による、というのが私の考えである。

200人のホンネ　　　　　　　　　　　　　● Sigmund Freud ●

I cannot think of any need in childhood as strong as the need for a father's protection.
私は、父親による保護以上に、幼児期に必要なものはないと思う。

復習コーナー

本章で学んだ会話例を、もう１度思い出そう。

■会話例 1

A：Do **you** remember what comes on next?
B：**I** believe there's a variety show on.
A：Would **you** mind if I watched it?
B：Well, **I** rather wanted to see the football match.

■会話例 2

A：Can **I** book a single room from today until Monday?
B：**You** can have Room 308, overlooking the sea.
A：Can **I** have a look at it, please.
B：Of course. Would **you** like to follow me?

■会話例 3

A：What would **you** like to drink?
B：**I** feel like a cup of tea.
A：Would **you** care for some cake?
B：Yes, I'll try a piece of cheese cake.
A：**I** think I'll join you.

■会話例 4

A：Do **you** go to the museum?
B：No, **you**'ll have to get off at the hospital, and take an 18.

Words of 200 People ● Steven Pearl ●

I can't believe that out of 100,000 sperm, you were the quickest.
10万匹の精子の中で君が１等賞だったなんて、信じられないね。

A : Could **you** tell me when we get there?
B : **I'll** tell you in good time.

「会話例4」の最初の文、Do you go to the museum? に関連して、少し補足しておきたい。日本語なら「このバスは博物館に行きますか？」と言う時、英語では Do you...で尋ねるのだった。

このyouは運転手に対して発せられたものだが、ヒッチハイクとは違うのだから、運転手の個人的な意志を聞いているのではない。運転手は運行表に従ってバスを動かしているだけである。このように、会社や店などがビジネスとして行っている行為に対しても「人間中心」の発想を適用することがよくある。類例をいくつか挙げて、この章を閉じることにしたい。

---

(1) Do **you** have a menu?
　　　メニューありますか。
(2) Are **you** serving lunch now?
　　　もうランチはやっていますか。
(3) Do **they** sell natural foods at that store?
　　　あの店では自然食品を売っていますか。

200人のホンネ　　　　　　　　　　● Logan Pearsall Smith ●

I can't forgive my friends for dying; I don't find these vanishing acts of theirs at all amusing.
私は友人たちが死んでいくのを許せない。このような消滅行為はちっとも愉快じゃない。

(4) **We** are open. / **We** are closed.
　　　営業中です。/ 閉店です。
(5) **We** are sold out.
　　　売り切れです。

Words of 200 People　　　　　　　　　　　　　● H.L.Mencken ●

I confess I enjoy democracy immensely. It is incomparably idiotic, and hence incomparably amusing.
告白するが、私は民主主義をすこぶる楽しんでいる。たとえようもなく愚かしく、それゆえ、無類におもしろい。

第2章　英会話の原理

3章

「固定部分」と「可変部分」

「固定部分」と「可変部分」

　よく手入れされた道具を使うと仕事がはかどるのと同様、よいツールを選ぶと学習は進む。英会話の学習にも、これを使うと使わないとでは雲泥の差が出る、とっておきのツールがある。

　その便利なツールとは、《「固定部分」と「可変部分」》という、私独自の「英文の見方」のことである。

　これまで、英会話の本で、こんなツールを用いた本はあまりなかったと思う。本章では、このとっておきのツールをご紹介し、その便利さをご一緒に確かめていきたいと思う。

　さて、第2章では、英会話には表現の「型」がある

200人のホンネ ● William Faulkner ●

I decline to accept the end of man.
人類の終焉を信じるのは、お断りだ。

こと、よく使われる「型」を覚えると、上達が早いことをお話しした。また、よく使われる「型」とは、「Iとyouが主語の文」であることも突きとめた。さらに、4つの「会話例」からいくつかの「型」を洗い出す作業も行った。ここでは、その中から典型的な6つの「型」を選び、改めて観察することにしたい。

典型的な表現の「型」

① I'll...
② I think..
③ Can I...?
④ Do you...?
⑤ Would you...?
⑥ Could you...?

これら6つの表現の「型」をよく観察すると、次のような特徴が見えてくる。

---

(1) すべて文の先頭部分である。
(2) 最初の2単語の中に、必ずIまたはyouが登場している。(Iとyouが主語の文なので、当然と言えば当然だが。)
(3) Iが主語の場合は肯定文が多く、youが主語の場合は疑問文が多い。

Words of 200 People ● e.e.cummings ●

I did not decide to become a poet — I was always writing poetry.
私は別段詩人になろうと決意したわけではない。いつだって詩を書いていたからね。

第3章 「固定部分」と「可変部分」

> (4) 文頭の部分は、以下に何が来ても「固定」されている。
> (5) それに続く「...」の部分は、いくらでも「可変」である。

　これで、この章のテーマである「固定部分」と「可変部分」という言葉について、ご理解いただけると思う。

　これまで表現の「型」と呼んでいたのは、実は文頭に位置する「**固定部分**」のことであり、その後に続く内容部分のことを「**可変部分**」と呼んだのである。

　では、先ほどの6つの表現の「型（固定部分）」に2つずつ「可変部分」を連結して、実際に会話例文を作ってみよう。見やすいように「固定部分」を太字にしてお見せする。

> (1) **I'll call again.**
>   またお電話します。
> (2) **I'll see you tomorrow.**
>   明日またお会いしましょう。

200人のホンネ ● Voltaire ●

I disapprove of what you say, but I will defend to the death your right to say it.
私は君の言うことには反対だが、君がそれを言う権利は死んでも守ろう。

(3) **I think** it's worth a try.
　　やる価値はあると思います。
(4) **I think** that is your problem.
　　それはあなたの問題だと思います。

(5) **Can I** smoke here?
　　ここでたばこは吸えますか。
(6) **Can I** take out this disk?
　　このディスク抜いていいですか。

(7) **Do you** speak English?
　　英語は大丈夫ですか。
(8) **Do you** have anything to declare?
　　何か申告するものはありますか。

(9) **Would you** pass me the salt?
　　お塩取ってくれますか。
(10) **Would you** bring me the check?
　　お勘定お願いします。

(11) **Could you** put your signature(スィグナチャ) here?
　　ここにサインをお願いできますか。
(12) **Could you** be more specific(スパスィフィック)?
　　もう少し詳しくお話しいただけますか。

Words of 200 People ● Peter Ustinov ●

I do not believe that friends are necessarily the people you like best, they are merely the people who got there first.
友達だからといって最愛の人たちとは限らない。単に、いちばん最初に近くにいたというだけなんだ。

第3章　「固定部分」と「可変部分」

この「固定部分」と「可変部分」という見方は、あくまでプラクティカルなもので、文法的に厳密なものではない。

　早い話、I think...は「主語＋動詞」、I'll...は「主語＋助動詞」、またI'd like...の場合なら「主語＋助動詞＋動詞」と、文法的にはまったく不ぞろいである。

　私が強調したいのは、文頭の「固定部分」に「可変部分」を状況に応じて連結する技術が身につけば、英会話ができるようになる、という単純な事実である。

I think	it's worth a try.
I think	that is your problem.
固定部分	可変部分

　この章では、《「固定部分」と「可変部分」》という英文の捉え方を身につけるためのトレーニングをしていきたいと思う。

200人のホンネ　● J.Enoch Powell ●

I do not keep a diary. Never have. To write a diary every day is like returning to one's own vomit.
私は日記は書かない。金輪際。毎日日記を書くなんて、自分の嘔吐物のところに戻ってみるようなものだ。

型とマインド

まず手始めに、次の5つのことわざを見ていただきたい。

> ### 🎗 **You cannot...のことわざ①** 🎗
> (1) **You cannot** make an omelette without breaking eggs.
> (2) **You cannot** hang everything on one nail.
> (3) **You cannot** burn the candle at both ends.
> (4) **You cannot** make a crab walk straight.
> (5) **You cannot** hide behind your finger.
> 　(1)卵を割らなければオムレツは作れまい。
> 　(2)1本の釘に何もかも吊すわけにはいくまい。
> 　(3)ろうそくの両端に火をつけるわけにはいくまい。
> 　(4)カニをまっすぐ歩かせることはできまい。
> 　(5)自分の指の後ろに隠れることはできまい。

ご覧の通り、5つのことわざは、すべてYou cannot...という書き出しで始まっている。だから、リズ

Words of 200 People　　　　　　　　　　● **Charles Dickens** ●

I do not know the American gentleman, God forgive me for putting two such words together.
私は"アメリカ人の紳士"というものを見たこともない。この2つの言葉を一緒にしたことを、神よ許したまえ。

ムに乗って読むことができたはずである。

　You cannot...を学校英語的に直訳すれば、「あなたには〜できない」という、大変失礼な言い方になる。だが、実際には、訳文をお読みいただけばわかるように、「(誰だって)こんなバカげたことはできまい！」という、ユーモラスないましめの言葉なのである。

　主語youは特定の相手を指しているのではなく、「人」一般を表している。「人は誰でも…」の意である。

　さて、これらのことわざでは、文頭のYou cannot...の部分が「固定部分」、それに続く動詞以下の部分が「可変部分」になっている。

You cannot	make a crab walk straight.
You cannot	hide behind your finger.
固定部分	可変部分

「固定部分」は、ある特定のマインドを表している。You cannot...の場合、教科書的には「あなたには〜できない」だが、実際は「こんなことはできまい！」というマインドを表しているのだった。

　あたかも数式のように、共通項（固定部分）をくくり出すと、こんなふうになる。

200人のホンネ　　　　　　　　　　● John Maynard Keynes ●

I do not know which makes a man more conservative — to know nothing but the present, or nothing but the past.
次の２つのうち、どちらのほうが人を保守的にするのだろう。現在しか知らないのと、過去しか知らないのと。

● 共通項でくくり出す ●

「固定部分」	「可変部分」	
You cannot	make an omelette without breaking eggs.	(1)
	hang everything on one nail.	(2)
	burn the candle at both ends.	(3)
	make a crab walk straight.	(4)
	hide behind your finger.	(5)

「可変部分」に様々な動詞句を代入することにより、いくらでも応用例を作ることができる。

というわけで、同じYou cannot...を文頭に持つことわざを、もう1セットお見せすることにしよう。こんなに実例が見つかるところを見ると、このYou cannot...という言い方は、ことわざにおける常套句と言ってもいいかもしれない。

● You cannot...のことわざ② ●

(6) **You cannot** sell the cow and sup the milk.
(7) **You cannot** have your cake and eat it.
(8) **You cannot** put an old head on young shoulders.
　　　　　　　　　　　　　　　　　　　　(ショウルダ〜ズ)

Words of 200 People　　　　　　　　　　● Samuel Butler ●

I do not mind lying, but I hate inaccuracy.
ウソは気にしない。私がいやなのは不正確なことだ。

> (9) **You cannot** go to heaven unless you yourself die.
> (10) **You cannot** take it with you when you die.
> 　(6)雌牛を売ったら、そのミルクは飲めまい。
> 　(7)ケーキを失わずに食べてしまうことなどできまい。
> 　(8)老いた頭を若い肩の上に乗せることはできまい。
> 　(9)死ななければ天国には行けまい。
> 　(10)死ぬ時に、財産を天国に持参することはできまい。

　ついでながら、このYou cannot...のことわざをもじって、抱腹絶倒のパロディを作った例がある。ご覧いただきたい。

You cannot steal second base and keep one foot on first.

「2塁に盗塁したら、1塁に足を置いたままにはできまい」

　私はこれを読んだ時、1塁ベースに足を乗せたままで盗塁を決めた選手の姿を想像して大笑いしたものだ。

　200人のホンネ　　　　　　　　　　● Salvador Dali ●

I do not take drugs, I am drugs.
私はドラッグはやらない。私自身がドラッグなのだ。

You cannot...ということわざの「定型」が、思わぬパロディを生んだというわけである。

学校英語の死角

先ほど、文頭の「固定部分」は特定のマインドを表すと述べた。そのマインドは、時に学校英語的な直訳とはズレを生じる場合があることも述べた。

You cannot...の場合で言えば、「あなたには〜できない」と「こんなことはできまい！」というニュアンスの違いだった。

ここに、学校英語のひとつの死角があるように思う。学校英語的な直訳を改善すれば、英会話の常套句として利用できる表現がいくらでもある。

いくつか例を示そう。

❶ Can you...? (p.196参照)

学校英語的直訳は「あなたは〜できますか」だが、実際の会話では「〜してくれますか」という依頼のマインドを表すことが多い。

（例） **Can you** join us?
　　　「同席していただけますか」

Words of 200 People ● John Lennon ●
I do not think marriage is the product of love.
私は結婚が愛の成果だとは思わない。

第3章　「固定部分」と「可変部分」　63

❷ Can I...?　(p.170参照)

「私は〜できますか」とも訳せるが、「〜してもよいですか」と許可を求める場合が多い。

（例）　**Can I** take out this dish?
　　　　「この料理は持ち帰りできますか」
　　　　Can I borrow an umbrella?(アンブレラ)
　　　　「傘をお借りしたいのですが」

❸ You had better...

　学校英語では「〜したほうがいい」が定訳だが、実際は「〜したらどうかね」と目下の人に忠告するような響きを持つことが多いから注意が必要である。ただし、We'd better...なら「われわれは〜したほうがよさそうだ」とうながす感じなので、会話でも使える。また、I'd better...「私は〜したほうがよさそうだ」も使える。

（例）　**We'd better** tell him too.
　　　　「彼にも話したほうがよさそうだ」
　　　　I'd better hurry.
　　　　「急がなくては」

❹ Will you...?　(p.198参照)

　Will you...?には、特に注意が必要だ。Will you...に

200人のホンネ　　　　　　　　　　　　　● **Bill Veeck** ●

I do not think winning is the most important thing. I think winning is the only thing.
勝つことが肝要なのではない。勝つことがすべてだ。

対する学校英語の定訳は「〜してくれませんか」か「〜していただけませんか」である。この訳を見る限りは、比較的ていねいな依頼表現のように見える。しかし、実際には「〜してくれ」と、命令に近いきつい響きを持っている。目上の人に不用意に使えば、あなたの出世はパーになるかもしれない。

（例） **Will you** pass me those documents(ダキュマンツ)?
　　　「そこの書類取ってくれない？」

❺ You ＋過去形の動詞

　直訳的には「あなたは〜した」だが、人がやったことに文句をつける時に使える。

（例） **You left** the door open.
　　　「扉を開けっぱなしだよ」

　　　You let the lights on.
　　　「明かりをつけっぱなしだよ」

　　　You drank my coke.
　　　「僕のコーラ飲んじゃったのかい」

　　　You gave me the wrong change.
　　　「おつりが間違ってますよ」

Words of 200 People　　　　　　　　　● **Reinhold Messner** ●

I do this for myself because I am my own fatherland and my handkerchief is my flag.
私は自分のために（登山を）する。私自身が祖国であり、私のハンカチはわが国旗である。

❻ You ＋現在完了

直訳的には「あなたは〜してしまった」だが、前項の過去形の場合と同様、相手の行為を非難する時に使える。

（例）　**You've taken** my seat.
　　　「そこ、私の席ですよ」

　　　You've forgotten to return my dictionary.
　　　「僕の辞書、借りっぱなしだよ」

　どうだろう。学校英語で習った時には退屈な文法項目だったかもしれないが、視点を変えると、たちどころに生き生きとした会話表現に見えてこないだろうか。「固定部分」は一定のマインドを表すという話のついでに、学校英語的直訳の死角について言及させていただいた。

　私は学校英語や学校文法を否定するつもりは毛頭ない。ただ、杓子定規の定訳にもうひと工夫を加えれば、英会話にいくらでも応用がきくのに、と残念に思うのである。学校英語と社会人英語は、実は紙一重の差しかない。

200人のホンネ　　　　　　　　　　　　　● Charlie Chaplin ●

I don't believe that the public knows what it wants; this is the conclusion that I have drawn from my career.
大衆は自分が何を欲しているのかわかっていないと思う。これは、私が経験から導き出した結論である。

生きてる間にしたいこと

　では、次に《「固定部分」と「可変部分」》という文の捉え方を身につけるための表現練習に進みたいと思う。教科書的な例文で練習してもおもしろくないので、材料にもひと工夫した。

　練習材料に利用させてもらう本は、*the wish list*という変わったタイトルの本である。そのまま訳せば『願望集』ということになろうか。

　この本は、In my life, I want to...という文頭に続く「願望の中身」を、実に6000個並べて本にしたものである。全巻が「生きている間に、これだけはしたい」という切なる願いのオンパレードなのだ。

　著者は、バーバラ・アン・キプファーというアメリカの女性で、辞書編集者の顔と学者の顔を合わせ持つ才人である。

　もうお気づきだと思うが、I want to...が「固定部分」、それに続く動詞句が「可変部分」である。

　私は練習用に20個の願望を選び出した。10個ずつ2回に分けて、願望表現の練習を行うことにしたい。まず、やさしい文から。

Words of 200 People　　　　　　● Katharine Hepburn ●

I don't care what is written about me so long as it isn't true.
私は自分について書かれたことなど気にしない。それが真実でない限りは。

🎯 願望表現ドリル① 🎯

生きている間に私は……

(1) テレビのない生活をしたい。
(2) インドでゾウに乗りたい。
(3) クジラに手を触れたい。
(4) 大英博物館で1日を過ごしたい。
(5) 新しいスポーツを考案したい。
(6) 髪をパープルに染めたい。
(7) オーケストラの中で演奏したい。
(8) 50州のすべてを訪れたい。
(9) 旧友に電話をかけてびっくりさせたい。
(10) 世界の動物園ツアーに参加したい。

【答え】

In my life, I want to...

(1) live without television.
(2) ride an elephant in India.
(3) touch a whale.
(4) spend a day in British Museum.
(5) invent a new sport.

200人のホンネ ● Roy Cohn ●

I don't care what the law is — just tell me who the judge is.
私は、法の何たるかには関心がない。問題は誰が裁判官かだ。

(6) dye my hair purple.
(7) play in a symphony orchestra. オーキストゥラ
(8) visit all of 50 states.
(9) surprise an old friend with a phone call.
(10) go on a "zoo tour" of the world.

あなただったら、どんな願望を書き込むだろうか。「50州のすべてを訪れたい」をまねて「47都道府県のすべてを訪れたい」というのもいいし、「インドでゾウに乗りたい」をまねて「砂漠をラクダに乗ってキャラバンしたい」というのもいいかもしれない。

では、次の10個に移る。少し英文が難しいものもある。

◎ 願望表現ドリル② ◎
生きている間に私は……
(11) 目的地のない旅をしたい。
(12) ねたみのない生活を送りたい。
(13) 心の平和を見出したい。
(14) 人生半ばで経歴を変えたい。

Words of 200 People ● Ralph Lauren ●

I don't design clothes, I design dreams.
私は服をデザインするのではない。夢をデザインするのだ。

(15)始球式でボールを投げたい。
(16)地の果てまで旅をしたい。
(17)ジェット機が造られるところを見たい。
(18)火星の地主第1号になりたい。
(19)化粧なしの素顔で美しくなりたい。
(20)お金のために結婚した上で恋に落ちたい。

【答え】

In my life, I want to...

(11) travel with no destination.^{デスティネイシュン}

(12) live without envy.

(13) find inner peace.

(14) change career^{カリア} in mid-life.

(15) throw out the first ball on opening day.

(16) journey to the end of the earth.

(17) watch a jet plane being built.

(18) be the first landowner^{ランドオウナ} on Mars.

(19) look good without make-up.

(20) marry for money, then fall in love.

200人のホンネ ● Oscar Levant ●

I don't drink. I don't like it. It makes me feel good.
お酒は飲みません。好きではないのです。気持ちよくなっちゃうもんですから。

ちなみに、*the wish list*の著者キプファーさんの長年の夢は、コネティカットのいなかに移り住むことだった。この本の出版直前にその願いはかない、家族とともに移り住むことができたという。

　私の場合、とにかく現在の仕事場が手狭なので、もっと大きな部屋で仕事がしたいと願っている。

『ブリジット・ジョーンズの日記』

　さて、「共通項によるくくり出し」を、文学作品に応用した例があるので、本章の最後に、ご紹介しておきたい。

　それは、1998年に日本でも翻訳が出てベストセラーになった『ブリジット・ジョーンズの日記』(ソニー・マガジンズ刊、亀井よし子訳)である。

　この本の冒頭には、元旦の計として「守ること」「やめること」という誓いのリストが、各1ページずつ掲げられている。すでに読んだ方はご記憶にあると思う。

　たとえば「守ること」のページには、次のような項目が挙げられている。

Words of 200 People ● Mickey Deans ●

I don't expect anything except the bills.
私が覚悟しているものは何もない。請求書以外は。

```
───守ること───
(1)禁煙。
(2)キャリアを積み、将来性のある仕事を見つけるため
   の努力。
(3)自信をつける。
(4)自己主張をする。
(5)時間の有効利用。
(6)他人には親切に、困っている人には救いの手を。
(7)目覚めとともにベッドを抜け出す。
```

　原文では20項目のリストだが、ここでは理解しやすい7項目を選んでみた。（番号も私が勝手に打ったものである。翻訳は、前掲書より引用させていただいた。）

　私はこの原文を見て、驚いた。これぞ「共通項によるくくり出し」の願ってもない例ではないか。

　さっそく、原文がどんなふうになっているか、お見せしよう。

200人のホンネ　　　　　　　　　　　● Bob Hope ●

I don't generally feel anything until noon, then it's time for my nap.
通常私は、正午までぼんやりして何もわからない。すると、もう昼寝の時間がやってくる。

> **I WILL**
> (1) Stop smoking.
> (2) Improve career and find new job with potential.
> インプルーヴ／ポテンシャル
> (3) Be more confident.
> カンフィダント
> (4) Be more assertive.
> アサ〜ティヴ
> (5) Make better use of time.
> (6) Be kinder and help others more.
> (7) Get up straight away when wake up in mornings.

同様に、「やめること」のほうも I WILL NOT というヘッドのもとに、Spend more than earn.「浪費（かせぐ以上に使わないこと）」を始めとして、12項目が掲げられている。

《「固定部分」と「可変部分」》という文の捉え方が、これほどストレートに形になっている例は珍しいと思う。

Words of 200 People ● Billy Wilder ●

I don't go to church. Kneeling bags my nylons.
教会には行きません。ひざまずいて祈ると、ナイロンの靴下がふくらんでしまうもの。

復習コーナー

本章で学んだ英文を、もう1度思い出そう。

■固定部分と可変部分

(1) **I'll** call again.
(2) **I'll** see you tomorrow.
(3) **I think** it's worth a try.
(4) **I think** that is your problem.
(5) **Can I** smoke here?
(6) **Can I** take out this disk?
(7) **Do you** speak English?
(8) **Do you** have anything to declare?
(9) **Would you** pass me the salt?
(10) **Would you** bring me the check?
(11) **Could you** put your signature here?
(12) **Could you** be more specific?

■ You cannot...のことわざ

(1) **You cannot** make an omelette without breaking eggs.
(2) **You cannot** hang everything on one nail.
(3) **You cannot** burn the candle at both ends.
(4) **You cannot** make a crab walk straight.
(5) **You cannot** hide behind your finger.
(6) **You cannot** sell the cow and sup the milk.
(7) **You cannot** have your cake and eat it.
(8) **You cannot** put an old head on young shoulders.

200人のホンネ ● Tom Waits ●

I don't have a drink problem except when I can't get one.
私は、酒が手に入らなかった時以外は、飲酒の問題を起こさない。

(9) **You cannot** go to heaven unless you yourself die.
(10) **You cannot** take it with you when you die.

■願望表現ドリル

In my life, I want to...

(1) live without television.
(2) ride an elephant in India.
(3) touch a whale.
(4) spend a day in British Museum.
(5) invent a new sport.
(6) dye my hair purple.
(7) play in a symphony orchestra.
(8) visit all of 50 states.
(9) surprise an old friend with a phone call.
(10) go on a "zoo tour" of the world.
(11) travel with no destination.
(12) live without envy.
(13) find inner peace.
(14) change career in mid-life.
(15) throw out the first ball on opening day.
(16) journey to the end of the earth.
(17) watch a jet plane being built.
(18) be the first landowner on Mars.
(19) look good without make-up.
(20) marry for money, then fall in love.

Words of 200 People ● **Bill Cosby** ●

I don't know the key to success, but the key to failure is trying to please everybody.
成功の秘訣は知らぬが、失敗の秘訣は、誰をも喜ばそうとすることである。

4章

学習はリズムだ！

学習は勢いである！

　曲がり角のない一本道を一定速度で走ると、いちばん燃費のよい走りができる。それと同様、あれこれ目先を変えず、リズムに乗って一直線に学習すると、無駄なエネルギーを使わずにすむ。進みも早い。

　この章では、Iを主語とした簡単な文章を20個ずつ読みながら、リズムに乗った学習がいかに快適に進むかを、ご一緒に確かめたいと思う。

　本章は、この本の後半で行う大量の「表現練習」のための、軽い肩ならしである。どうか気楽に読み進めていただきたい。

　練習の素材にごくやさしい英文を選んだ代わりに、「1度に20題」という学習スケールに慣れていただこ

200人のホンネ　　　　　　　　　　　　　● Abraham Lincoln ●

I don't know who my grandfather was; I am much more concerned to know what his grandson will be.
自分の祖父がどんな人物だったかは知らない。私が興味があるのは、彼の孫がどんな人物になるかである。

うと思う。私は、学習には豪快さが必要だと思っている。

これはベストセラーとなった**『英単語速習術』**（ちくま新書）の中で述べたことだが、単語の学習の場合も、「勢い」が必要である。単語など、あれこれ迷わず一気呵成に覚えるものなのだ。

たとえば、「１日５単語」ずつ20日間、倦まずたゆまず覚え続けて「100単語」といった学習法を、私は好まない。20日たった頃には、最初の日に覚えた５単語など、記憶の彼方に消え去っているのがオチだろう。

私なら、同じ100単語を覚えるにしても、覚悟を決めて「１日に100単語」学習してしまう。次の日も、その次の日も同じ100単語を復習する。この学習法をとれば、100単語を完全に覚えきるのに、20日などかからない。おそらく、５日もあれば完全にクリアできるだろう。そんな学習法を20日続ければ、クリア単語は実に400語に達する。

これは「勢い」と「反復効果」を組み合わせた、超スピード学習法である。

だから、学習というのは、「１日５単語」というような、ちまちましたやり方で進めるものではない、というのが私の考えだ。

Words of 200 People ● Lou Reed ●

I don't like nostalgia unless it's mine.
私は、自分のでない限り、ノスタルジアは嫌いだ。

それと同様、英会話の例文を覚えるのも、ある程度の「物量作戦」が必要である。その代わり、同じ「型」を持つ文——私流に表現すれば「同じ固定部分を有する文」——を固め打ちで学習する。こうすれば、学習にリズムが出るし、理解も深まる。

　とりあえずこの本で私が設定した学習スケールは「1度に20題」だ。どうか、この章の肩ならし練習を通して、学習量に対する"耐性"を身につけていただきたいと思う。

　練習は全部で4回。20×4で、都合80個の英文を練習材料にする。なお、この簡単文例の作成には、アルク刊の『起きてから寝るまで』シリーズを参考にさせていただいた。

　では、最初の20文をお見せしよう。

　Iが主語の文としては、これ以上はシンプルにできない、たった2単語の英文ばかりである。これを音読することによって、一定量の英文をリズムに乗って学習する感覚を身につけてほしいと思う。

　では、始めよう。だまされたと思って音読していただきたい。

200人のホンネ ● Oscar Wilde ●

I don't like Switzerland; it has produced nothing but theologians and waiters.
私はスイスは好きになれない。この国は神学者とウェイターしか生み出してこなかった。

🌀 英文はリズムに乗って① 🌀

(1) I gargle. _{ガーゴー}	うがいをする
(2) I shave.	ひげを剃る
(3) I stretch.	伸びをする
(4) I exercise.	運動する
(5) I jog.	ジョギングする
(6) I sweat. _{スウェット}	汗をかく
(7) I drink.	飲む
(8) I smoke.	たばこを吸う
(9) I laugh.	笑う
(10) I cry.	泣く
(11) I shout.	叫ぶ
(12) I work.	働く
(13) I rest.	休む
(14) I agree.	同意する
(15) I disagree.	同意しない
(16) I applaud. _{アプロード}	拍手する
(17) I sneeze.	くしゃみする
(18) I yawn. _{ヨーン}	あくびする
(19) I sleep.	眠る
(20) I snore. _{スノー}	いびきをかく

Words of 200 People ● Charles Revson ●

I don't meet competition, I crush it.
私は競争はしない。その前にたたきつぶす。

第4章 学習はリズムだ！

なんだ、こんなに簡単な練習か、と思われた方も多いだろう。練習前にお断りしたように、レベルよりも「1度に20題」という量の感覚をつかんでいただくのが主目的である。どうか馬鹿にせずに取り組んでいただきたい。
　「1度に20題」だって100回繰り返せば2000題になる。学習というのは、そういうものだと思う。最初はゆるやかに思えても、知らぬ間に高みに登っていることに気づくはずだ。
　では、今度は日本語と英語を逆転して、日本語から英語を再生する練習をしてみよう。できれば、先ほどのように、よどみなく元気に英語を繰り出していただきたい。先ほどの音読練習で「なんだ！」と思われた方は、間違いなく20文とも再生できるかチャレンジしていただきたい。何事も基本が大事だ。

● 英語再生ドリル① ●

(1) うがいをする
(2) ひげを剃る
(3) 伸びをする
(4) 運動する
(5) ジョギングする
(6) 汗をかく
(7) 飲む
(8) たばこを吸う
(9) 笑う
(10) 泣く

200人のホンネ　　　　● Marlon Brando ●

I don't mind that I'm fat. You still get the same money.
私は、太ったことを気にしてはいない。稼ぎはまったく変わってないからだ。

(11) 叫ぶ	(16) 拍手する
(12) 働く	(17) くしゃみする
(13) 休む	(18) あくびする
(14) 同意する	(19) 眠る
(15) 同意しない	(20) いびきをかく

では、2番目の練習に移ろう。

今度は英文が少しだけ複雑になる。先ほどの練習材料は「SV」(第1文型)だったが、今回は「SVO」(第3文型)である。これ以降の3回は、すべて「SVO」の文型で統一する。

まずは、先ほどと同様、英文の音読から始めよう。あとに「英語再生ドリル」が控えているので、そのおつもりで。

● 英文はリズムに乗って② ●

(1) I take a shower.	シャワーを浴びる
(2) I brush my teeth.	歯磨きをする
(3) I comb my hair. 　　コウム	髪をとかす
(4) I start the car.	車を発進する
(5) I cross the train tracks.	踏切を渡る

Words of 200 People ● Thomas Carlyle ●

I don't pretend to understand the Universe—it's a great deal bigger than I am.
私は宇宙を理解したふりなどしない。宇宙は私に比べたら、とてつもなく大きすぎる。

(6) I punch my timecard.	タイムカードを押す
(7) I make a call.	電話をする
(8) I leave a message. (メスィッジ)	伝言をする
(9) I format a disk.	ディスクを初期化する
(10) I save the data.	データを保存する
(11) I sign the document.	書類にサインする
(12) I make an appointment.	アポをとる
(13) I take a nap.	昼寝をする
(14) I cash a check.	小切手を現金に替える
(15) I rent a video. (ヴィディオウ)	ビデオを借りる
(16) I pay the bill.	料金を払う
(17) I exchange money.	両替をする
(18) I attend a lecture.	講義に出る
(19) I take notes.	ノートをとる
(20) I take a sauna.	サウナに入る

　では、日本語からの「再生ドリル」だ。先ほどの「SV」の文よりは少しだけ手ごたえが増していると思う。これが言えなければ、1日の生活すら満足に英語にできないことになる。

200人のホンネ ● Samuel Goldwyn ●

I don't think anybody should write his autobiography until after he's dead.
人は死んでからではないと自伝など書くべきではないと思う。

● 英語再生ドリル② ●

(1) シャワーを浴びる	(11) 書類にサインする
(2) 歯磨きをする	(12) アポをとる
(3) 髪をとかす	(13) 昼寝をする
(4) 車を発進する	(14) 小切手を現金に替える
(5) 踏切を渡る	(15) ビデオを借りる
(6) タイムカードを押す	(16) 料金を払う
(7) 電話をする	(17) 両替をする
(8) 伝言をする	(18) 講義に出る
(9) ディスクを初期化する	(19) ノートをとる
(10) データを保存する	(20) サウナに入る

次の第3回は、同じ「SVO」だが、動詞部分が動詞句になっている。すなわち、look at, put in, take out などの複合語である。動詞句といっても、あたかも1語の動詞のようなつもりで音読してほしい。

● 英文はリズムに乗って③ ●

(1) I look at the clock.	時計を見る
(2) I put in my contact lenses.	コンタクトレンズをはめる
(3) I put on my make-up.	化粧する

Words of 200 People ● Noel Coward ●

I don't think pornography is very harmful, but it is terribly, terribly boring.
ポルノグラフィーが非常に有害だと思わない。しかし、恐ろしく、恐ろしく退屈である。

(4) I take out the garbage. 　　　　　　　　ガービッジ	ごみを出す
(5) I look for the train pass.	定期を探す
(6) I get on the train.	電車に乗る
(7) I look over the document.	書類に目を通す
(8) I make out an invoice. 　　　　　　　　インヴォイス	請求書を書く
(9) I write up an order.	注文書を書く
(10) I call up a client.	顧客に電話する
(11) I put in a disk.	ディスクを入れる
(12) I print out the data.	データを印刷する
(13) I turn off the computer.	コンピューターの電源を切る
(14) I set up a meeting.	会議の段取りをする
(15) I point out problems.	問題を指摘する
(16) I look for the taxi stand.	タクシー乗り場を探す
(17) I get off the plane.	飛行機から降りる
(18) I pick out a souvenir. 　　　　　　　スーヴァニア	おみやげを選ぶ
(19) I ask for a receipt. 　　　　　　リスィート	領収書をもらう
(20) I take off my make-up.	化粧を落とす

　ここまで来ると、すんなり再生できないものもあるかもしれない。わからないものは、前のページでご確認いただきたい。では、「再生ドリル」に進もう。

200人のホンネ　　　　　　　　● Ray Bradbury ●

I don't try to describe the future. I try to prevent it.
私は未来を描こうとしているのではない。未来をくい止めようとしているのだ。

英語再生ドリル③

(1) 時計を見る
(2) コンタクトレンズをはめる
(3) 化粧する
(4) ごみを出す
(5) 定期を探す
(6) 電車に乗る
(7) 書類に目を通す
(8) 請求書を書く
(9) 注文書を書く
(10) 顧客に電話する
(11) ディスクを入れる
(12) データを印刷する
(13) コンピューターの電源を切る
(14) 会議の段取りをする
(15) 問題を指摘する
(16) タクシー乗り場を探す
(17) 飛行機から降りる
(18) おみやげを選ぶ
(19) 領収書をもらう
(20) 化粧を落とす

どうだろう。「1度に20題」の感覚がだいぶついてきたのではないだろうか。

この「学習のスケールを拡大する練習」は、きわめて効果が高い。一度スピード学習の味を占めると、スローテンポの学習に我慢できなくなるから不思議だ。

一度でもこのスピード感を体験しておかないと、これから何を学ぶにも"前途遼遠"である。言ってみれば、一度忙しい部署で働くと、閑職に耐えられなくなる心理と一緒だ。

Words of 200 People ● Georgia O'Keeffe ●

I don't very much enjoy looking at paintings in general. I know too much about them.
私は概して絵画を見るのはあまり楽しくない。絵画について知りすぎているからね。

では、いよいよ最後の１回である。

今回は、体の不調を訴える表現を20個集めてみた。すべて、文頭に「固定部分」I have...を持つ。これは、病気や災難まで動詞haveで表現する、英語特有の言い方である。（第１章「存在表現より所有表現」の項を参照）

英文はリズムに乗って④

(1) **I have** a pain here.	ここが痛む
(2) **I have** a stomachache. スタマッケイク	胃が痛い
(3) **I have** a headache. ヘデイク	頭が痛い
(4) **I have** a toothache.	歯が痛い
(5) **I have** a backache.	背中が痛い
(6) **I have** a fever.	熱がある
(7) **I have** a cold.	風邪をひいている
(8) **I have** a cough. コーフ	咳が出る
(9) **I have** a sore throat. スロウト	のどが痛む
(10) **I have** chills.	寒気がする
(11) **I have** a stuffy nose.	鼻がつまっている
(12) **I have** a runny nose.	鼻水が止まらない
(13) **I have** a nosebleed.	鼻血が出ている
(14) **I have** an upset stomach. アップセット スタマック	おなかをこわしている

200人のホンネ ● Pearl Buck ●

I don't wait for moods. You accomplish nothing if you do that.
私は気分が乗るのを待ったりしない。そんなことをしていたら、何事も成就できはしない。

(15) **I have** diarrhea.〔ダイアリーア〕	下痢をしている
(16) **I have** high blood pressure.〔ブラッド〕	高血圧だ
(17) **I have** low blood pressure.	低血圧だ
(18) **I have** stiff shoulders.	肩がこっている
(19) **I have** a hangover.〔ハングオウヴァ〕	二日酔いだ
(20) **I have** no appetite.〔アパタイト〕	食欲が皆無だ

🌸 英語再生ドリル④ 🌸

(1) ここが痛む
(2) 胃が痛い
(3) 頭が痛い
(4) 歯が痛い
(5) 背中が痛い
(6) 熱がある
(7) 風邪をひいている
(8) 咳が出る
(9) のどが痛む
(10) 寒気がする
(11) 鼻がつまっている
(12) 鼻水が止まらない
(13) 鼻血が出ている
(14) おなかをこわしている
(15) 下痢をしている
(16) 高血圧だ
(17) 低血圧だ
(18) 肩がこっている
(19) 二日酔いだ
(20) 食欲が皆無だ

Words of 200 People　　　　　　　　　　　　　● Samuel Goldwyn ●

I don't want any yes-men around me. I want everybody to tell me truth even if it costs them their jobs.
私の周囲にイエスマンは不要だ。誰にも本当のことを言ってほしい。たとえその結果クビになったとしても。

さあ、これだけの表現を覚えたら、あなたはもう、どんなに具合が悪くなっても大丈夫だ。二日酔いも食欲不振も、この「英語力」でしのいでいただきたい。

　この章は、英語力が錆びついた人には、一種の「機能訓練」の役割を果たしたと思う。

　人間の短期記憶は、どんどん消える運命にある。だが、同じ「型」の英文を連続して見ていると、次第に「型」が体にしみ込んでくる。消えるはずの短期記憶が、消えずに定着してくる。それが「知識」というものだろう。

　すでにお話ししたように、「１度に20題」という学習スケールを、本書のPart 2で徹底活用する予定である。

200人のホンネ ● Woody Allen ●

I don't want to achieve immortality through my work. I want to achieve it through not dying.
私は、わが作品によって不死の域に達したいとは思わない。単に死なないことによって不死になりたい。

復習コーナー

本章で学んだ英文を、もう1度思い出そう。

今回は、単なる復習では手ごたえがなさすぎるので、すべての文を過去時制に変えて練習することにした。規則動詞と不規則動詞が入り混じっているので、注意が必要である。できれば、ここも音読していただきたい。

■英文はリズムに乗って①

(1)	I gargled.	うがいをした
(2)	I shaved.	ひげを剃った
(3)	I stretched.	伸びをした
(4)	I exercised.	運動した
(5)	I jogged.	ジョギングした
(6)	I sweat.	汗をかいた
(7)	I drank.	飲んだ
(8)	I smoked.	たばこを吸った
(9)	I laughed.	笑った
(10)	I cried.	泣いた
(11)	I shouted.	叫んだ
(12)	I worked.	働いた
(13)	I rested.	休んだ
(14)	I agreed.	同意した
(15)	I disagreed.	同意しなかった
(16)	I applauded.	拍手した
(17)	I sneezed.	くしゃみした
(18)	I yawned.	あくびした

Words of 200 People ● Zelda Fitzgerald ●

I don't want to live—I want to love first, and live incidentally.
私は生きたいとは思わない。まず愛したい。そして、そのついでに生きればいい。

第4章 学習はリズムだ！

(19) I slept. 眠った
(20) I snored. いびきをかいた

■英文はリズムに乗って②

(1) I took a shower. シャワーを浴びた
(2) I brushed my teeth. 歯磨きをした
(3) I combed my hair. 髪をとかした
(4) I started the car. 車を発進した
(5) I crossed the train tracks. 踏切を渡った
(6) I punched my timecard. タイムカードを押した
(7) I made a call. 電話をした
(8) I left a message. 伝言をした
(9) I formatted a disk. ディスクを初期化した
(10) I saved the data. データを保存した
(11) I signed the document. 書類にサインした
(12) I made an appointment. アポをとった
(13) I took a nap. 昼寝をした
(14) I cashed a check. 小切手を現金に替えた
(15) I rented a video. ビデオを借りた
(16) I paid the bill. 料金を払った
(17) I exchanged money. 両替をした
(18) I attended a lecture. 講義に出た
(19) I took notes. ノートをとった
(20) I took a sauna. サウナに入った

200人のホンネ ● Steven Spielberg ●

I dream for a living.
私は生計のために夢を見る。

■英文はリズムに乗って③

(1) I looked at the clock. 　　　　時計を見た
(2) I put in my contact lenses. 　コンタクトレンズをはめた
(3) I put on my make-up. 　　　　化粧した
(4) I took out the garbage. 　　　ごみを出した
(5) I looked for the train pass. 　定期を探した
(6) I got on the train. 　　　　　電車に乗った
(7) I looked over the document. 　書類に目を通した
(8) I made out an invoice. 　　　請求書を書いた
(9) I wrote up an order. 　　　　注文書を書いた
(10) I called up a client. 　　　　顧客に電話した
(11) I put in a disk. 　　　　　　ディスクを入れた
(12) I printed out the data. 　　　データを印刷した
(13) I turned off the computer. 　コンピューターの電源を切った
(14) I set up a meeting. 　　　　会議の段取りをした
(15) I pointed out problems. 　　問題を指摘した
(16) I looked for the taxi stand. 　タクシー乗り場を探した
(17) I got off the plane. 　　　　飛行機から降りた
(18) I picked out a souvenir. 　　おみやげを選んだ
(19) I asked for a receipt. 　　　領収書をもらった
(20) I took off my make-up. 　　化粧を落とした

■英文はリズムに乗って④

(1) I **had** a pain here. 　　　　ここが痛んだ
(2) I **had** a stomachache. 　　胃が痛かった

Words of 200 People ● George Bernard Shaw ●

I enjoy convalescence; it is the part that makes the illness worth while.
病気が回復するのは楽しい。この楽しみがあるので、病気もまんざらではなくなる。

(3) **I had** a headache.		頭が痛かった
(4) **I had** a toothache.		歯が痛かった
(5) **I had** a backache.		背中が痛かった
(6) **I had** a fever.		熱があった
(7) **I had** a cold.		風邪をひいていた
(8) **I had** a cough.		咳が出た
(9) **I had** a sore throat.		のどが痛んだ
(10) **I had** chills.		寒気がした
(11) **I had** a stuffy nose.		鼻がつまっていた
(12) **I had** a runny nose.		鼻水が止まらなかった
(13) **I had** a nosebleed.		鼻血が出ていた
(14) **I had** an upset stomach.		おなかをこわしていた
(15) **I had** diarrhea.		下痢をしていた
(16) **I had** high blood pressure.		高血圧だった
(17) **I had** low blood pressure.		低血圧だった
(18) **I had** stiff shoulders.		肩がこっていた
(19) **I had** a hangover.		二日酔いだった
(20) **I had** no appetite.		食欲が皆無だった

200人のホンネ ● Susan Sontag ●

I envy paranoids; they actually feel people are paying attention to them.
私はパラノイア患者がうらやましい。人々が自分に関心を払っていると本気で思っているのだからね。

5章 実証！ パラレル効果

チャーリー・ブラウンのぼやき

次にご紹介するのは、ご存じチャーリー・ブラウンとシュレーダーの会話である。チャーリー・ブラウンがシュレーダーに、しきりにぼやいている。

> **C:**「もっと人に好かれたいなあ……」
> **C:**「すこしの人にでもいいから好かれたいなあ……」
> **C:**「たったひとりにでもいいから好かれたいなあ……」
> **S:**「ついでに100万ドルものぞんでみたら……?!」

チャーリー・ブラウンのぼやきにうんざりといった

200人のホンネ ● Friedrich Nietzsche ●

I fear we are not getting rid of God because we still believe in grammar.
われわれはいまだに神を捨ててはいない。なぜなら、まだ文法を信じているからだ。

表情のシュレーダーが、最後に痛烈な皮肉を放っている。1972年に出版された「スヌーピー・シリーズ」のなつかしい第1巻『アッカンベー!! チャーリー・ブラウン』に出てくる会話だ。

英語の原文を見てみよう。

> C: **I wish** more people **would like** me...
> C: **I wish** that at least a few people **would like** me...
> C: In fact, **I wish** that just one person **would like** me...
> S: While you're at it, why don't you wish for a million dollars?

なぜ私がこの会話を引用したか、勘のいい読者の方はすでにお察しのことと思う。理由は、次の2つである。

(1)この会話は「Iとyouの間の会話」の典型例である。

(2)この会話には同じ「固定部分」が何度も反復されている。

2番目の点についてご説明しよう。チャーリー・ブ

Words of 200 People ● Walt Whitman ●

I find no sweeter fat than sticks to my own bones.
私の骨についている脂肪ほどいとしい脂肪はない。

ラウンの3つの言葉には、

《I wish 〜 would like me...》

という同じパターンが繰り返し用いられているのだ。「〜に好かれたいなあ」というぼやき節の大連発である。

　このように、同じ「固定部分」を持つ文を連発して効果をあげるレトリックを、私は「**パラレル効果**」と呼んでいる。今の例で言えば、I wish 〜 would like me...という同じパターンが「パラレル」に使われているからである。

　この章では、このように「パラレル効果」をうまく使った例をいろいろご紹介して、Part 1の締めくくりにしようと思う。まず「Iが主語の文」で「パラレル効果」を出した例、次に「youが主語の文」で「パラレル効果」を出した例、と話を進めていく。

　この章には、ケネディ大統領やサッチャー首相やキング牧師も登場すれば、『質問』という風変わりなタイトルの本も登場する。話題満載である。

　前章で「リズムに乗った学習」を実践練習したが、「同一パターンの繰り返し」という同じ手法を、歴史的な人物たちも使っていた事実を、この章ではお伝え

200人のホンネ ● Groucho Marx ●

I find television very educational. Every time someone switches it on I go into another room and read a good book.
テレビはすこぶる教育的なものだ。誰かがテレビをつけるやいなや、私は別室に避難し、良書を読む。

したいと思う。題して「実証！パラレル効果」というわけだ。

ケネディの使った「パラレル効果」

今からほぼ40年前の1960年9月20日。民主党の大統領候補、ケネディ上院議員と、共和党の大統領候補、ニクソン副大統領がテレビを通じて公開討論を行った。

無名に近いケネディと老獪なニクソンの一騎打ちは、はるかにニクソン有利というのがおおよその下馬評だった。しかし、蓋を開けてみれば、ケネディの若々しい論理攻勢に押しまくられ、守勢にまわったのはニクソンのほうだった。

後にケネディは、この討論を振り返ってこう述懐している。「潮流を変えたのは、何にもましてテレビだった」と。

ケネディを大統領候補として疑問視していた南部の民主党員すら、彼の力量を認め、ケネディ支持に結束させたのがこの歴史的なテレビ討論だったのである。

さて、この討論の中で、ケネディが使ったレトリック、それこそまさに「パラレル効果」と私が命名したテクニックだったのである。さっそくご説明しよう。

Words of 200 People ● Barry Gray ●

I get my exercise running to the funerals of my friends who exercise.
運動好きの友人の葬式に駆けつけるのが、私の運動となる。

彼は「冒頭発言」の中で、実にリズミカルに I'm not satisfied...「私は満足していない」という句を8回も繰り返したのだ。

　彼が並べた、当時のアメリカに対する不満のいくつかを、ここに引用してみよう。

(1) **I'm not satisfied** to have 50 percent of our steel mill capacity unused.
「われわれの製鉄能力の50パーセントが使用されないでいることに、私は満足していません」
(2) **I'm not satisfied** when the Soviet Union is turning out twice as many scientists and engineers as we are.
「ソ連がわれわれの2倍の数の科学者や技術者を養成していることに、私は満足していません」
(3) **I'm not satisfied** when many of our teachers are inadequately paid, or when our children go to school in part-time shifts.
「われわれの教員の多くが不十分な給与を受けていたり、われわれの子供たちが2部授業制の学校へ通ったりしていることに、私は満足していません」
(4) **I'm not satisfied** when we are failing to develop the natural resources of the United States to the fullest.

>　200人のホンネ　　　　　　　　　　● Imelda Marcos ●

I get so tired listening to one million dollars here, one million dollars there, it's so petty.
ここにも100万ドル、あそこにも100万ドルなんて話は聞き飽きた。そんなものは取るに足りない話だ。

「われわれがアメリカの天然資源を最大限に開発することができないでいることに、私は満足していません」

そして、最後に述べた不満は、こうだった。

(5) **I'm not satisfied** until every American enjoys his full constitutional rights.
<ruby>カンスティテューショナル</ruby>
「すべてのアメリカ人が憲法に基づく完全な権利を享受するまで、私は満足しません」

このくだりを読むだけで、ケネディがいかに周到にスピーチ原稿を用意していたか一目瞭然だろう。経験豊かなニクソンを守勢にまわらせたのは、ケネディの用意周到なレトリックと、平易で明快な語り口だったのである。

「私はこう思う」

私は、このテレビ討論全体を通じて、「Iが主語の文」の使われ方に注目した。

ケネディが口にした「Iが主語の文」は全部で55回。そのうち、トップの4つは以下の通りだった。

Words of 200 People ● Don Marquis ●

I get up in the morning with an idea for a three-volume novel and by nightfall it's a paragraph in my column.
3巻本の長編小説の着想とともに目覚めても、夜にはコラムの1節にしかならぬのがオチだ。

第5章 実証！ パラレル効果　　99

```
(1) I think              (27回)
(2) I'm not satisfied    (8回)
(3) I want               (4回)
(4) I don't think        (3回)
```

　これを、ニクソンのデータと比較してみよう。彼が口にした「Iが主語の文」は全部で41回。そして、トップの4つは次の通りである。

```
(1) I think              (7回)
(2) I believe            (4回)
(3) I would say          (4回)
(4) I know               (3回)
```

　私は、このデータの中に、この日の討論の勝敗が象徴されていると思う。ケネディは「私はこう思う」と実に27回も語り、先ほど見たように「私は満足していない」という文句を8回繰り返している。

　これに対し、ニクソンが「私はこう思う」と言ったのはたった7回である。注目に値するのは、ニクソン

200人のホンネ ● James H.Boren ●

I got the bill for my surgery. Now I know what those doctors were wearing masks for.
外科手術の請求書を受け取った。なぜ医者たちがマスクで顔を隠していたのかわかったよ。

がwouldという単語を多用している点である。4回使ったI would sayは「こう言いたいのですが…」という控えめな主張だ。これ以外にも、I would suggestなどwouldを使った例が全部で7回もある。対するケネディは、たったの1回きり、それもI would not want...という否定文だった。

若いケネディの攻勢に押されて気弱さを表に出したニクソン。そんな構図が「Iが主語の文」のデータの中に、ものの見事に露呈している。

●

これに関連するエピソードをもうひとつ。

英国のサッチャー首相が1982年に来日した時のことだ。NHKが『挑戦するサッチャー』と題して、サッチャー首相vs 4人の日本人論客のディベートを放映した。

このテレビ討論は、日本における最初の本格的なディベートとして注目されたが、当番組が放映された後、多くの視聴者は、日本側の完敗という感想を持ったという。

この時の両サイドの発言を分析すると、やはり興味深い事実が見えてくる。

I think/believe...という句を、サッチャー首相が24

Words of 200 People ● H.G.Wells ●
I had rather be called a journalist than an artist.
私は芸術家と呼ばれるより、ジャーナリストと呼ばれたい。

回口にしたのに対し、日本の論客たちは4人あわせてもたった2回しか口にしていない。

　1国を代表して発言するサッチャー首相と、論戦をいどむ日本側という立場の差はあったにせよ、自分の言葉で話せない日本側のウィーク・ポイントがこのデータに露呈していると言える。

　ついでながら、サッチャー首相はbecauseという接続詞を24回使っているのに対し、日本側はたったの2回。いかにサッチャー首相が論理攻勢をかけたかも、このデータが示している。

　さらに加えるに、サッチャー首相はof courseという言葉を15回使い、日本側はただの1回も使っていない。「こんなことは当然ですよね！」とたたみかけるサッチャーさんの剛腕ぶりがうかがえる。

　このように、サッチャー首相が「パラレル効果」を縦横に使って、日本側の4人をがんじがらめに押さえ込んだのは確かだった。

キング牧師の使った「パラレル効果」

「パラレル効果」を使った好例として次にご紹介したいのは、1963年8月28日に、キング牧師がワシントン・メモリアルで行った、歴史的スピーチである。

200人のホンネ　　　　　　　　　● Georgia O'Keeffe ●

I hate flowers—I paint them because they're cheaper than models and they don't move.
花は好きではない。花を描くのは、モデルより安上がりで、動かないからだ。

ケネディ大統領にあやかったわけではないだろうが、この演説の中で人々に感銘を与えたのは、やはり 8 回繰り返された I have a dream... という言葉だった。

　その 8 回の I have a dream... の中で最も有名なのが、次の名文句だろう。

(1) **I have a dream** that one day on the red hills of Georgia(ジョージャ) the sons of former slaves and the sons of former slaveowners(スレイヴオウナ〜ズ) will be able to sit down together at the table of brotherhood.

「私には夢がある。いつの日か、ジョージアの赤土の丘の上で、元奴隷の息子と元奴隷主の息子が、共に兄弟のテーブルにつける日が来ることを」

(2) **I have a dream** that my four little children will one day live in a nation where they will not be judged by the color of their skin, but the content(カンテント) of thier character.

「私には夢がある。いつの日か、私の 4 人の小さな子供たちが、肌の色ではなく、その人間性によって判断される国に住む日が来ることを」

●

　先ほどのケネディの I'm not satisfied... といい、キン

Words of 200 People ● Joan Rivers ●

I hate housework! You make the beds, you do the dishes — and six months later you have to start all over again.
家事は嫌いだ。ベッドを整える。皿を洗う。でも、6 か月後には全部やり直さなくてはならない。

第 5 章　実証！ パラレル効果

グ牧師のI have a dream...といい、「パラレル効果」を使った、たたみかけるような口調が、米国の歴史を大きく動かしたのは事実だと思う。

　サッチャーさんが24回繰り返したI think/believe...は、さながら強烈パンチのようだった。

　大統領選挙に勝利を収めたケネディは、1961年1月22日に、歴史に残る名スピーチとして名高い大統領就任演説を行ったが、その最後に、彼はI look forward to...という句を6回連ねて、米国民の奮起を促した。ここでも、「パラレル効果」を最大限に利用したのである。

「パラレル効果」は「固定部分」が文頭に来る英語だからこそ、効果を発揮する。日本語の演説で、「……と私は期待します」という文句を6回繰り返しても、英語のI look forward to...をたたみかけるような効果はとても望めないと思う。

　いずれにせよ、1回きりの言葉は、しばらくたてば「短期記憶」から消えていく。しかし、何度も繰り返された言葉は、人々の記憶に深くしまい込まれ、後の世に影響を与えていくのである。

「パラレル効果」には一種の呪術的効果がある、と言ってもよいかもしれない。

200人のホンネ　　　　　　　　　　　● Orson Welles ●

I hate television, I hate it as much as peanuts. But I can't stop eating peanuts.
テレビは嫌いだ。ピーナツと同じくらい嫌いだ。なのに、ピーナツを食べるのを止められない。

『質問』という名の本

　ここまで「Iが主語の文」を連ねた「パラレル効果」の例をあれこれご紹介してきた。

　今度は「youが主語の文」で「パラレル効果」の例を探してみよう。ここで私は、2冊の書物と1冊の辞書を引き合いに出したいと思う。

　まず最初に登場するのは、『**質問／QUESTIONS**』という風変わりなタイトルの、世にもユニークな書物である。

　この本には、人の意表を突く「質問」が365個並べられている。右からめくれば日本語で書かれ、左からめくれば英語で書かれている。この365個の「質問」は、読み出したらやめられなくなるほどおもしろい。

　少し、例をお見せしよう。

「今まで何軒の喫茶店に入りましたか」
How many coffee shops have you ever dropped in?
「行く道と帰りとどちらが好きですか」
Which do you like better: going away or coming back?

Words of 200 People　　　　　　　　　　● **George Moscone** ●

I hate to say it, but crime is an overhead you have to pay if you want to live in the city.
言いたかないが、都会に住もうと思ったら、犯罪は支払わねばならぬ必要経費みたいなものさ。

> 「形容詞がなくなっても生活に不自由しないでしょうか」
> If adjectives(アジクティヴズ) were lost, wouldn't we spend inconvenient(インカンヴィーニャント) lives?
> 「あなたから名前を引くと何が残るでしょう」
> What is the result(リザルト) when you subtract(サブトラクト) your name from yourself?

　ご覧の通り、この本に並べられた「質問」は、人の想像力を刺激するものばかりである。

　この希有な本を作った田中未知という人は、寺山修司氏と長年活動を共にしていた人物という。『時には母のない子のように』の作曲者(作詞はもちろん寺山氏)と言ったほうが、わかる人もいるだろう。

　365個の「質問」の中から、①Do you...で始まる質問、②Can you...で始まる質問、③Have you ever...で始まる質問を、それぞれ8個ずつ選び、次にご紹介したいと思う。本書読者に対する、いわば特別提供品である。(英文は一部変えさせていただいた。)

　興味を持たれた方は、ぜひ元の本(アスペクト刊)を見ていただきたいと思う。

200人のホンネ　　　　　　　　　● Amanda Lear ●

I hate to spread rumours — but what else can one do with them?
噂を広めるのは好きじゃない。でも、噂についてそれ以外にやれることってある?

では、最初の8個の「質問」から見てみよう。

> ### 🎯 QUESTIONS ❶ Do you...? 🎯
> (1) 眠っているとき思考は存在しますか
> (2) 手の形は美しいと思いますか
> (3) 透明人間になりたいと思いますか
> (4) 飛んでいる鳥も思考するでしょうか
> (5) 海にも年齢があると思いますか
> (6) 夢の中にときどき知らない人は出てきますか
> (7) 今まで食べたイチゴの数を覚えていますか
> (8) お月様は二つ以上あったらよいと考えますか
>
> (1) **Do you** have any thought while sleeping?
> (2) **Do you** think the shape of a hand is beautiful?
> (3) **Do you** want to be an インヴィズィボー invisible man?
> (4) **Do you** サボウズ suppose flying birds also think?
> (5) **Do you** ゲス guess the sea also has an age?
> (6) **Do you** sometimes meet someone in your dream who is unknown to you?
> (7) **Do you** remember how many strawberries you have eaten until now?
> (8) **Do you** think it would be nice if there were more than two moons in the sky?

Words of 200 People ● Robert Burns ●

I have a hundred times wished that one could resign life as an officer resigns a commission.
私は、役人が役職を辞める時のようなやり方で人生を辞められたらなあ、と何度願ったかしれない。

次は、Can you...?の形の疑問文だ。

QUESTIONS ❷ Can you...?

(1) 昨日歩いた道と同じコースを歩けますか
(2) 世界を鑑賞できますか
(3) 思わぬことでも口にできますか
(4) 与えられた円と同じ面積をもつ正方形を作図できますか
(5) あなたが見た風の形を記述できますか
(6) 貯金で夢が買えますか
(7) ユートピアを思い描けますか
(8) あなたの知人の名前をすべて思い出せますか

(1) **Can you** walk along the same course that you walked yesterday?
(2) **Can you** appreciate the world?
アプリーシエイト
(3) **Can you** say what you don't really think of?
(4) **Can you** construct a square which has the same area as a given circle?
カンストラクト
(5) **Can you** describe the shape of the wind you saw?
ディスクライブ
(6) **Can you** buy a dream with the money in your deposit?
ディパズィット

200人のホンネ ● Charles M. Schulz ●

I have a new philosophy. I'm only going to dread one day at a time.
私は新しい哲学を発見した。1度に1日分のことだけ心配するようにしよう。

> (7) **Can you** draw a picture of Utopia in your mind?
> (8) **Can you** remember all the names of your acquaintances?
> ユートウピア (Utopia)
> アクウェインタンスィズ (acquaintances)

　私は「世界を鑑賞できますか」という句が好きだ。世界が鑑賞できるようになったら、人生何の苦労もなくなるだろう。

　次は、Have you ever...?の形の疑問文である。

QUESTIONS ❸ Have you ever...?
(1) 卵を立ててみたことはありますか
(2) 冗談で死んだふりをしたことはありますか
(3) 空を飛んだ夢を見たことはありますか
(4) まだ行ったことのない国の人から手紙をもらったことがありますか
(5) あなたと同姓同名の人にあったことはありますか
(6) 何かを発明したことはありますか
(7) 鳥はどうして飛べるのか考えたことはありますか
(8) プラネタリウムで流れ星を見たことはありますか

Words of 200 People ● Jean Cocteau ●
I have a piece of great and sad news to tell you: I am dead.
大ニュース、悲しい知らせが1つあるんだ。私はすでに死んでいる。

(1) **Have you ever** tried to stand an egg on its end?
(2) **Have you ever** pretended (プリテンディド) to be dead as a joke?
(3) **Have you ever** had a dream in which you were flying in the sky?
(4) **Have you ever** received a letter from a country you've never been to?
(5) **Have you ever** met those who have the same name as yours?
(6) **Have you ever** invented anything?
(7) **Have you ever** suspected (サスペクティッド) the reason why birds can fly?
(8) **Have you ever** seen shooting stars in a planetarium (プラナテアリアム)?

この他、こんな質問も愉快だった。
「生まれてから今日まで何リットルの水を飲みましたか」

How many liters (リータ〜ズ) of water have you drunk since you were born?

200人のホンネ ● Alice Roosevelt Longworth ●

I have a simple philosophy. Fill what's empty. Empty what's full. Scratch where it itches.
私は単純な哲学を持っている。すなわち、空のものはいっぱいにしろ。いっぱいのものは空にしろ。かゆい所をかけ。

計算してみた。1日に2リットル飲んだと仮定して、私の場合40トン弱になる。小さな池ひとつくらいは飲み干したことになるだろうか。

　次は、目次を読むだけで勉強になる、不思議な本の話である。

目次の中の「パラレル効果」

　目次を読むだけで勉強になる書物とは、『**ちょっとしたアメリカ日常会話1000**』という本で、著者は松本薫＋J.ユンカーマンというボストン在住のご夫婦である（講談社＋α文庫刊）。

　この本は55章に分けて、「日本人の妻と米国人の夫のカンタン英会話」が、あれこれ満載されている。

　55章の中身は、「雑談を乗り切る」「感情を表す」など5つのパートに分かれ、そのそれぞれが約10個のシチュエーションから成っている。

　たとえば、「雑談を乗り切る」の中には「相づちをうちたい」「賛成したい」「話題を変えたい」などのシチュエーションが含まれている。

　どうして「目次を読むだけで勉強になる」かと言えば、各章タイトルに必ず英訳が付されているからだ。たとえば、こんな具合だ。

Words of 200 People ● Max Lerner ●

I have a simple principle for the conduct of life — never to resist an adequate temptation.
私は人生の処し方について単純な原理を持っている。すなわち、適度な誘惑は、これを決して拒んではならない。

> 「相づちをうちたい」
> **What do you say when you** want to chime in
> 「賛成したい」
> **What do you say when you** want to agree
> 「話題を変えたい」
> **What do you say when you** want to change the subject
> （サブジクト）

　これで、私がこの本を取り上げた理由がおわかりだろう。

　たとえば「話題を変えたい」の項は、「話題を変えたい時には、どう言いますか」という形の英訳になっている。英語目次は、すべて What do you say when you... の形で統一されているのだ。

　私流に言えば、これは What do you say when you... という「固定部分」で統一し、「パラレル効果」を狙った目次ということになる。

　では、さっそく"めぼしい"目次を選び、学習材料として利用させてもらうことにしよう。数は、この章のこれまでの流れに従い、8つに限定した。

200人のホンネ ● Ralph Nader ●

I have a theory of power: that if it's going to be responsible it has to have something to lose.
私には、権力について理論がある。信頼に足る権力になろうとすれば、必ず何かを失わなければならない。

🏵 勉強になる目次 🏵

(1) 間合いを置きたい
(2) 曖昧にごまかしたい
(3) 会話のきっかけがほしい
(4) めずらしい人に会った
(5) 確認を求めたい
(6) 依頼に応じる
(7) 依頼を断りたい
(8) お世辞をいう

(1) **What do you say when you** want to pause
(2) **What do you say when you** want to evade
   a question
   （イヴェイド）
(3) **What do you say when you** want to start a
   conversation
(4) **What do you say when you** see someone
   unexpectedly
   （アニクスペクティッドリ）
(5) **What do you say when you** want to make
   sure of something
(6) **What do you say when you** accept a
   request
   （アクセプト）

Words of 200 People　　　　　　　　● Elizabeth Taylor ●

I have a woman's body and a child's emotions.
私は、体は女性なのに、気持ちは子供なんです。

> (7) **What do you say when you** turn down a request
> (8) **What do you say when you** want to flatter someone

「めずらしい人に会った」の項がおもしろい。英訳は、「思いがけなく人に会った時には、どう言いますか」と表現を変えてある。

では「youを主語にした文」を用いた「パラレル効果」の最後の例に進むことにしよう。今度は辞書の定義文に「パラレル効果」を利用した例である。

辞書の中の「パラレル効果」

今年(2001年)の春、『**コウビルド英英辞典**』の第3版が出版された。この辞書の第1版が世に出たのは1987年のことだったが、膨大な量の現代英語データベースに基づいて編纂された革命的な辞書として、たちまち評判になった。

私にとって印象的だったのは、この辞書の「定義文」の書き方だった。辞書の定義文といえば、無味乾燥なものと相場が決まっている。しかし、この辞書の場合

200人のホンネ ● Jorge Luis Borges ●

I have always come to life after coming to books.
私はいつも、書物の世界に帰ってくると生き返る。

は、違っていたのである。作った人の人間味、心のぬくもりすら私には感じられた。その秘密は、どうやらこの辞書で多用されている「主語 you の定義文」の中にあるらしかった。

　1例を挙げよう。次にお見せするのは、動詞 accept の定義文だ。

If you **accept** something that you have been offered(オーファ～ド), you say yes to it or agree to take it.

　あえて直訳してみよう。「もしも君が自分に提供された何かを accept するとすれば、それにイエスと言うか、それを受け取ることに同意した、ということなんだ」

　この定義文を読むと、私は心優しい英国人教師から、単語の意味をこんこんと説明されているような気分になる。動詞の定義文はすべてこんな調子だ。

　もちろん、ここに使われている you は一般的な you であって、この「私」に向けて言われているわけではない。しかし、「この語はこういう意味である」と即物的に書かれるのと、「もしも君がこの語を使えば、こういう意味になるんだ」と言われるのとでは、やは

Words of 200 People ● **Arthur Miller** ●

I have always felt that concentration camps are the logical conclusion of contemporary life.
私は常に思うのだが、強制収容所こそ現代生活の論理的帰結である。

り雲泥の差がある。こうして、この分厚い辞書は、私には血の通った教室のように感じられたのである。

ちなみに、最近第6版が出版されたOXFORD Advanced Learners Dictionaryのacceptの説明は、こうなっている。

to take willingly（ウィリングリ） something that is offered; to say 'yes' to an offer, invitation, etc.

こちらも直訳してみる。「提供されたものを喜んで受けること。申し出や招待などに対してイエスと言うこと」。

説明の内容はほぼ同じだが、こちらはいかにも即物的な辞書的定義である。

私は辞書の優劣を論じているのではない。『コウビルド』を最初に見た時に感じた「ぬくもり」についてお伝えしたかったのである。

では、その同じ「ぬくもり」に、ここで読者にも浸っていただこうと思う。これから非常に意味の似た動詞の定義文を並べてお見せする。動詞の数は、例によって8つだ。

どうか心優しい「英国人教師のレクチャー」にしば

200人のホンネ ● John Mortimer ●

I have always said that exercise is a short cut to the cemetery.
運動なんてものは、墓場への近道だと、私は常々言っているんだ。

し耳を傾けていただきたい。

● 8つの動詞の定義 ●

【notice】 If you **notice** something, you become aware of it.

【observe】 If you **observe** someone or something, you watch them carefully.

【perceive】 If you **perceive** something, especially something that is not obvious, you see, notice or realize it.

【recognize】 If you **recognize** someone or something, you know who or what they are, because you have seen or heard them before or because they have been described to you.

【identify】 If you can **identify** someone or something, you can recognize them and say who or what they are.

【admit】 If you **admit** that something bad or embarrassing is true, you agree, often reluctantly, that it is true.

Words of 200 People　　　　　　● James Thurber ●

I have always thought of a dog lover as a dog that was in love with another dog.
私は"犬好き"とは、他の犬が好きになったもう１匹の犬だと思っている。

> 【realize】 If you **realize** that something is true, you become aware of that fact or understand it.
> 【acknowledge】 If you **acknowledge** a fact, you accept that it is true.［formal］

　直訳は煩瑣なので、ここでは「ぬくもり」抜きの要点のみ記すことにする。どうか原文の味は原文で味わっていただきたい。

> 【notice】　何かに「気づく」こと。
> 【observe】　注意深く「見守る」こと。
> 【perceive】はっきりしない物を「見、知覚し、認識する」こと。
> 【recognize】すでに知っている何かであることを「認める」こと。
> 【identify】　何かを「認め」、それが「何であるか言える」こと。
> 【admit】　あなたにとって具合の悪い事実を「しぶしぶ認める」こと。

200人のホンネ ● Tom Stoppard ●

I have always treated money as the stuff with which one purchases time.
私は常に、お金というものは、時間を買うためにあるとみなしてきた。

> 【realize】　ある事実に「気づき、それを理解する」
> 　　　　　こと。
> 【acknowledge】あることを「真実だと認める」こと。
> 　　　　　　（形式ばった言葉）

　この辞書の「youを主語にした定義文」のもうひとつ良い点は、

　If you notice **something**,...

　If you observe **someone or something**,...

　If you realize **that something is true**,...

のように、動詞の目的語に何が来るかが、問わず語りに示されている点である。

　すなわち、noticeは「何かに気づく」のだし、observeは「誰か」または「何か」を観察するのだし、realizeは「何かが真実であると理解する」のである。

　平明なようで、実はしたたかな言語学的戦略が周到に組み込まれているのである。

　機会があったら、あなたも『コウビルド英英辞典』をのぞいてみてほしい。そして、私も教えを受けた「心優しき英国人教師」の授業を実体験していただきたいと思う。

Words of 200 People　　　　　　　　　● Vita Sackville-West ●

I have come to the conclusion, after many years of sometimes sad experience, that you cannot come to any conclusion at all.
時には悲しい経験を多々積んできたが、結論などというものはない、というのが私の結論だ。

復習コーナー

本章で学んだ英文を、もう１度思い出そう。

今回は、24個の「質問」の文のみを復習の素材にしたいと思う。もとの日本語を思い浮かべながら、もう１度読んでいただきたい。

■ QUESTIONS ①

(1) **Do you** have any thought while sleeping?
(2) **Do you** think the shape of a hand is beautiful?
(3) **Do you** want to be an invisible man?
(4) **Do you** suppose flying birds also think?
(5) **Do you** guess the sea also has an age?
(6) **Do you** sometimes meet someone in your dream who is unknown to you?
(7) **Do you** remember how many strawberries you have eaten until now?
(8) **Do you** think it would be nice if there were more than two moons in the sky?

■ QUESTIONS ②

(1) **Can you** walk along the same course that you walked yesterday?
(2) **Can you** appreciate the world?
(3) **Can you** say what you don't really think of?
(4) **Can you** construct a square which has the same area as a

---

200人のホンネ　　　　　　　　　　　　　　● Jackie Mason ●

I have enough money to last me the rest of my life, unless I buy something.
私は余生を送るのに十分な蓄えがある。ただし、買い物さえしなければ…。

given circle?
(5) **Can you** describe the shape of the wind you saw?
(6) **Can you** buy a dream with the money in your deposit?
(7) **Can you** draw a picture of Utopia in your mind?
(8) **Can you** remember all the names of your acquaintances?

■ QUESTIONS ③

(1) **Have you ever** tried to stand an egg on its end?
(2) **Have you ever** pretended to be dead as a joke?
(3) **Have you ever** had a dream in which you were flying in the sky?
(4) **Have you ever** received a letter from a country you've never been to?
(5) **Have you ever** met those who have the same name as yours?
(6) **Have you ever** invented anything?
(7) **Have you ever** suspected the reason why birds can fly?
(8) **Have you ever** seen shooting stars in a planetarium?

Words of 200 People ● Marlon Brando ●

I have eyes like those of a dead pig.
私は死んだブタのような目をしている。

「Part 1」から「Part 2」へ

これで Part 1 はおしまいである。

Part 2 に進む前に、本書のここまでの流れをざっと振り返っておこう。

第1章——英語の2大発想——では、「人間中心主義」と「存在表現より所有表現」という、英語の2大発想についてお話しした。

第2章——英会話の原理——では、英会話は「I と you」を中心にして展開することをお話しした。英会話には「型」があり、それは①「I を主語とする文」、②「you を主語とする文」、③「Let's...などの文」の3種が中心であることも見た。

第3章——「固定部分」と「可変部分」——では、多くの英文において、文頭の「固定部分」が文の「型」を示し、それに続く「可変部分」が内容を表すことをお話しした。

第4章——学習はリズムだ！——では、「1度に20題」という、本書の学習スケールに慣れていただくためのトレーニングを行った。

第5章——実証！ パラレル効果——では、同じ「固定部分」を持つ文を、たたみかけるように連ねる話術の実例をあれこれご紹介した。ケネディ、サッチャー、キング牧師などが登場した。

Part 1のタイトルは、「英語の方程式」であった。なぜこのようなタイトルを付けたかというと、すべての英文の背後には「話し手のI」と「聞き手のyou」が潜んでいる——言い方を変えると、すべての英文は「Iとyou」という2本の座標軸の上に成り立っている、というのが、私の考えだからだ。

　Part 1が本書の「原理編」だとすれば、これから始まるPart 2は「応用編」である。Part 2は、完全にPart 1で学んだ知識に基づいている。

　すなわち、Part 2は、①「Iを主語とする文」（第6章）、②「youを主語とする文」（第7章）、③「Let's...などの文」（第8章）の順に、同じ「固定部分」を持つ英文を集め、「1度に20題ずつ」のスケールで、リズムに乗って学習していく。学習においても「パラレル効果」が威力を発揮することを、実体験していただこうというのが、私のもくろみである。

　Part 2は、いわば「**英会話・表現カタログ**」だ。1日1章を読み切るくらいの気迫で、チャレンジしていただきたい。そして、何度も読み返して、ここに集めた表現を完全に自分のものにしてほしい。気がついた時には、あなたの手元には、英会話で使える表現ツールがごろごろしている状態になっているだろう。とにかく、学習はリズムである！

Part 2　英会話「虎の巻」

6章 "I"モードの英語術

この章では、「Iが主語の文」を、「型」ごとにまとめて「パラレル」にお見せする。
「型」の種類は、全部で24種。ここで、その全容を、あらかじめお知らせしておこう。

A 肯定文

1. I'm sorry...
2. I'm afraid...
3. I'm glad...など
4. I'm + 前置詞
5. I'm ～ing
6. I'm + 過去分詞
7. I have...
8. I've...
9. I'll...❶
10. I'll...❷
11. I'd like...
12. I'd like to...
13. I want to...
14. I hope/wish/like...
15. I think...
16. I believe/know/wonder...

200人のホンネ ● Oscar Wilde ●

I have found that all ugly things are made by those who strive to make something beautiful.
すべて**醜悪な**ものは、何か美的なものを作ろうと努力する人によって生み出されるのだと知った。

17 I feel...　　　　　　**18** I need/must/have to...

B 否定文
19 I don't...　　　　　　**20** I can't...

C 疑問文
21 May I...?　　　　　　**23** Could I...?
22 Can I...?　　　　　　**24** Do I/Will I...?など

「はじめに」で最初に述べたように、本書の目的は、「英会話の初心者が、速攻で会話力を身につけるにはどうしたらよいか？」という課題に答えることにある。「……どうしよう、明日は外国人を相手に接待しなければならない」などという時は、とにかく本書のPart 2を、全体通して音読していただきたい。なに、慣ればものの1時間もかけずに読み通せる分量である。

最小限の時間と労力で、最大限の効果を上げるための「表現パターン」が、この中にぎっしり詰まっている。「1度に20題」という学習スケールで、リズムに乗って読み進めていただきたい。

では、「I'm sorry...」から始めよう。

Words of 200 People　　　　　　● Arthur Rubinstein ●
I have found that if you love life, life will love you back.
人生を愛せば、人生が愛し返してくれることを、私は知った。

1　I'm sorry...

I'm sorry to..., I'm sorry for 〜ing, I'm sorry ＋文などの型がある。たとえば I can't hear you very well.「よく聞き取れないのですが」と言う時、文頭に I'm sorry をつけると、ぐっと口調が和らぐ（6を参照）。いわば会話の潤滑油のような働きがある。

●

1　**I'm sorry** to hear that.
　　それは残念でした。

2　**I'm sorry** to interrupt you.
　　お話し中、申し訳ありません。

3　**I'm sorry** to have troubled you.
　　ご迷惑をおかけして、申し訳ありません。

4　**I'm sorry** to have kept you waiting.
　　お待たせして、すみません。

5　**I'm sorry** for calling you this late.
　　こんなに夜遅く電話して、すみません。

6　**I'm sorry** I can't hear you very well.
　　すみませんが、よく聞き取れません。

7　**I'm sorry** I have another appointment.
　　残念ですが、他に約束があるもので。

8　**I'm sorry** I'll be busy next week.
　　あいにく、来週は忙しいのです。

200人のホンネ　　　　　　　　　● Sydney Smith ●

I have gout, asthma, and seven other maladies, but am otherwise very well.
私は痛風で、ぜん息で、他にも7つほど病気を持っているが、それ以外は至って健康だ。

⑨ **I'm sorry** I'm late.
　　遅くなってごめんなさい。

⑩ **I'm sorry,** he has a visitor right now.
　　申し訳ありませんが、ただいま来客中です。

⑪ **I'm sorry,** he is on another line at the moment.
　　申し訳ありませんが、ただいま他の電話に出ております。

⑫ **I'm sorry,** he's out of town now.
　　申し訳ありませんが、ただいま出張中です。

⑬ **I'm sorry,** he's tied up at the moment.
　　申し訳ありませんが、ただいまたてこんでおります。

⑭ **I'm sorry,** I must have misdialed.
　　すみません、番号を間違えました。

⑮ **I'm sorry,** it was a slip of the tongue(タング).
　　すみません、失言でした。

⑯ **I'm sorry,** we only deal in cash.
　　申し訳ありませんが、現金取引しかしておりません。

⑰ **I'm sorry,** we seem to have a bad connection.
　　どうも混線しているようですね。

⑱ **I'm sorry,** but I can't take any more.
　　これ以上は飲めません。

⑲ **I'm sorry,** but I couldn't help it.
　　どうしようもなかったのです。

⑳ **I'm sorry,** but I have to cancel my reservation(レザヴェイシュン).
　　すみませんが、予約を取り消したいのですが。

Words of 200 People　　　　　　　　　　● Fred Allen ●

I have just returned from Boston. It is the only thing to do if you find yourself there.
今、ボストンから帰ってきたところだ。あそこにいたら、それくらいしかやることはないからね。

第6章　"I"モードの英語術

2　I'm afraid...

不本意な事柄を伝える時に I'm afraid...を用いる。たとえば、We no longer manufacture it.「それはもう生産しておりません」とだけ言うとぶっきらぼうだが、I'm afraid を前につけると、「あいにく」「残念ながら」と相手に対する気づかいが生まれる。

●

[1] **I'm afraid** he's in conference.
あいにく、ただいま会議中でございます。

[2] **I'm afraid** he's not available now.
あいにく、今は電話に出られないようです。

[3] **I'm afraid** I can't help you.
申し訳ありませんが、お手伝いできません。

[4] **I'm afraid** I can't make this decision.
残念ながら、私には決定いたしかねます。

[5] **I'm afraid** I have other plans.
あいにく予定が入っているんです。

[6] **I'm afraid** I have to leave now.
もう失礼しなければなりません。

[7] **I'm afraid** I must be going.
もう失礼しなければなりません。

[8] **I'm afraid** I'll be ten minutes late.
申し訳ありませんが、10分ほど遅れます。

200人のホンネ　● James Gordon Bennett, Jr. ●

I have made mistakes, but I have never made the mistake of claiming that I never made one.
私は過ちを犯したことは多々ある。しかし、過ちを犯したことがないと主張する過ちだけは犯したことがない。

9. **I'm afraid** I won't be able to come.
   せっかくですが、うかがうことができません。

10. **I'm afraid** it's more than I can manage.
    残念ながら、私の手には余ります。

11. **I'm afraid** it's time to say good-bye.
    残念ながら、もうおいとましなくては。

12. **I'm afraid** my watch is five minutes fast.
    私の時計は5分ほど進んでいるようです。

13. **I'm afraid** my watch is five minutes slow.
    私の時計は5分ほど遅れているようです。

14. **I'm afraid** that's impossible.
    そんなことは不可能だよ。

15. **I'm afraid** the toilet doesn't work.
    トイレが流れなくて困っているのですが。

16. **I'm afraid** there is a mistake here.
    ここが間違っていると思うのですが。

17. **I'm afraid** this product is out of stock now.
    あいにく、この製品はただいま在庫切れです。

18. **I'm afraid** we don't make this type of car.
    申し訳ありませんが、このタイプの車は製造しておりません。

19. **I'm afraid** you have the wrong number.
    番号をお間違えではないでしょうか。

20. **I'm afraid** you've dialed the wrong number.
    番号をお間違えではないでしょうか。

Words of 200 People　　　　　● T.S.Eliot ●

I have measured out my life with coffee spoons.
私は自分の人生をコーヒー・スプーンで計ってきた。

3 I'm glad...など

I'm sorry や I'm afraid 以外に、文頭に置いて気持ちを表現する言い方には、I'm glad, I'm pleased, I'm happy, I'm satisfied(サティスファイド), I'm impressed(インプレスト), I'm relieved(リリーヴド), I'm disappointed(ディサポインティド), I'm ashamed(アシェイムド),その他がある。例文でお確かめいただきたい。

●

1 **I'm glad** to meet you.
お目にかかれてうれしいです。

2 **I'm glad** to hear it.
それは何よりでした。

3 **I'm glad** you could come.
お越し下さり、有難うございました。

4 **I'm pleased** to have a chance to talk with you.
直接お話しする機会が持てて、うれしいです。

5 **I'm pleased** with the new stereo(ステリオウ).
私は新しいステレオに満足しています。

6 **I'm happy** to be able to buy what I want at low prices here.
ここでは欲しい物が安く買えて幸せです。

7 **I'm happy** to have known you.
あなたと知り合いになれて幸せです。

8 **I'm satisfied** with this computer.
私はこのコンピューターに満足しています。

200人のホンネ　　● Danny McGoorty ●

I have never liked working. To me a job is an invasion of privacy.
仕事が好きになったためしはない。私にとって、仕事はプライバシーの侵害だ。

⑨ **I'm impressed** with your modern facilities.(ファスィリティズ)
　貴社の近代的な設備に感銘を受けました。

⑩ **I'm relieved** to hear it.
　それを聞いてほっとしました。

⑪ **I'm disappointed** in you.
　君には失望したよ。

⑫ **I'm ashamed** of myself.
　われながらお恥ずかしい。

⑬ **I was confused** by her question.
　彼女の質問に頭が混乱しました。

⑭ **I was disappointed** at the news.
　その知らせを聞いて失望しました。

⑮ **I was frightened** at the sudden noise.
　私は突然の物音にぎょっとしました。

⑯ **I was offended** by his remarks.
　私は彼の言葉がしゃくにさわりました。

⑰ **I was shocked** by the accident.
　あの事故はショックでした。

⑱ **I was surprised** at his words.
　彼の言葉にはあきれました。

⑲ **I was** deeply **impressed** by his speech.
　私は彼の演説を聞いて深く感動しました。

⑳ **I was** deeply **moved** by the novel.
　私はその小説を読んで深く感動しました。

Words of 200 People ● Galileo Galilei ●

I have never met a man so ignorant that I couldn't learn something from him.
私は、学ぶところが何もないほど無知な人間に会ったことはない。

4 I'm ＋前置詞

I'm ＋前置詞は、言ってみれば前置詞の数だけ実例が考えられる。ここでは代表的な例をご紹介した。これ以外に、I'm here <u>on</u> vacation.「休暇で来ました」とか、I'm here <u>on</u> business.「仕事でやって来ました」なども使える例である。

●

1. **I'm against** his proposal.
   彼の提案には反対です。

2. **I'm at** your disposal.（ディスポウザル）
   何なりとお申しつけ下さい。

3. **I'm at** a loss.
   困った。

4. **I'm behind** my classmates in math.
   私は数学ではクラスの誰よりも遅れています。

5. **I'm for** signing the contract.
   私は契約書にサインすることに賛成です。

6. **I'm from** Australia.
   私はオーストラリアの出身です。

7. **I'm in** a hurry.
   時間がありません。

8. **I'm in** agreement in principle.
   原則として賛成します。

200人のホンネ　　　　　　　　　　　　● Aneurin Bevan ●

I have never regarded politics as the arena of morals. It is the arena of interests.
政治はモラルが支配する場とは到底思えない。むしろ私利私欲が支配する場である。

9. **I'm in** charge of Asian sales.
   私はアジア地域の販売を担当しております。

10. **I'm in** favor of cutting taxes.
    私は減税に大賛成です。

11. **I'm** not **in** a position to say yes or no.
    私はイエス・ノーを言える立場ではありません。

12. **I'm** not **in** the mood for joking.
    冗談を言う気になれない。

13. **I'm into** video games.
    私はテレビゲームに熱中しています。

14. **I'm on** a diet.
    私はダイエット中です。

15. **I'm on** your side.
    いつでもお力になります。

16. **I'm out** of cash.
    現金の持ち合わせはありません。

17. **I'm out** of work now.
    今、失業中です。

18. **I'm under** a lot of pressure.
    今、仕事に追われています。

19. **I'm with** ABC Publishing Company.
    ABC出版社に勤めております。

20. **I'm without** money.
    私はお金がありません。

Words of 200 People ● Edvard Munch ●

I have no fear of photography as long as it cannot be used in heaven and in hell.
天国や地獄での使用が不可能な限り、写真は恐れるに足りない。

第6章　"I"モードの英語術

5   I'm ～ ing

進行中の動作について相手の理解を求める時に使う。たとえば、店で I'm just looking. とか I'm just looking around. と言えば「ただ見ているだけです」と店員にシグナルを送ることができる。I'm looking for something in white. なら「白いものを探しているんです」。7と8では be going to... の表現を扱う。

●

1. **I'm calling** about your order.
   ご注文いただいた件でお電話しております。

2. **I'm counting** on you.
   頼りにしているよ。

3. **I'm depending** on you.
   頼りにしています。

4. **I'm feeling** rather sad.
   何だか悲しいです。

5. **I'm** not **feeling** well.
   体調がよくありません。

6. **I'm following** you.
   わかります（話についていっていますよ）。

7. **I'm going to check** out at 10 o'clock.
   10時にチェックアウトします。

8. **I'm going to retire** after three years.
   あと3年で退職です。

200人のホンネ   ● Oscar Wilde ●

I have nothing to declare except my genius.
私は、自分の才能以外に申告するものは何もない。

9 **I'm** just **killing** time.
　　ひまつぶしをしているだけです。

10 **I'm leaving** everything to your judgment.
　　すべてあなたの判断におまかせします。

11 **I'm listening.**
　　話を続けて下さい。

12 **I'm** just **looking** around.
　　ちょっと（商品を）見ているだけです。

13 **I'm looking** for the stationery section.
　　文房具売り場はどこですか。

14 **I'm planning** to go to Hawaii this summer.
　　今年の夏はハワイに行く予定です。

15 **I'm returning** your call.
　　折り返しお電話しております。

16 **I'm suffering** from a cold.
　　かぜをひいています。

17 **I'm starving.**
　　おなかがペコペコだ。

18 **I'm telling** you this from my experience.
　　これは私の経験から申し上げているのです。

19 **I'm thinking** of quitting my job.
　　今の仕事はやめようと思っています。

20 **I'm transferring** your call to the Trade Department.
　　貿易部にお電話を回します。

Words of 200 People　　　　　　　　　● **Denis Diderot** ●

I have often seen an actor laugh off the stage, but I don't remember ever having seen one weep.
舞台以外で俳優が笑う姿はよく見かける。しかし、泣く姿は見た覚えがない。

第6章　"I"モードの英語術

6 I'm ＋過去分詞

意外に使えるのが、このI'm＋過去分詞の形。I'm tired.「疲れた」のように、形容詞と見分けがつかないものも少なくない。ここでは肯定文の例だけを示したが、疑問文でも使える。Am I allowed to smoke here? なら、「ここでたばこを吸ってもいいですか」。

●

1. **I'm broke.**
   私はすっからかんです。
2. **I'm convinced** of her innocence.
   私は彼女の無実を確信しています。
3. **I'm depressed.**
   憂鬱です。
4. **I'm done** with the work.
   その仕事とは縁が切れました。
5. **I'm drunk.**
   酔っぱらってしまいました。
6. **I'm engaged.**
   私は婚約しています。
7. **I'm exhausted.**
   私はへとへとだ。
8. **I'm honored** to meet you.
   お目にかかれて光栄です。

200人のホンネ ● Noam Chomsky ●

I have often thought that if a rational Fascist dictatorship were to exist, then it would choose the American system.
しばしばこう思う。もしも理にかなったファシスト独裁がありうるとすれば、それは現アメリカのシステムを選ぶだろう。

9 **I'm interested** in collecting fossils.
   私は化石の収集に興味を持っています。

10 **I'm married.**
    私は結婚しています。

11 **I'm obliged** to advise her.
    どうしても彼女に忠告しなくてはなりません。

12 **I'm opposed** to that project.
    その計画には反対です。

13 **I'm paid** by the hour.
    私は時給で働いています。

14 **I'm** just **preoccupied** with my work.
    私は仕事で頭が一杯です。

15 **I'm pressed** for time.
    私は時間に追われています。

16 **I'm retained** on salary.
    私は月給制で雇われています。

17 **I'm self-employed.**
    私は自営業です。

18 **I'm separated** from my wife.
    私は妻と別居中です。

19 **I'm tied** up with something urgent.
    今、急ぎの仕事で手が離せません。

20 **I'm wasted.**
    私はへとへとだ。

Words of 200 People ● Blaise Pascal ●

I have only made this letter longer because I have not had the time to make it shorter.
この手紙が長くなってしまったのは、短くしている暇がなかったからです。

第6章 "I"モードの英語術

7　I have...

第1章で、英語は「存在表現より所有表現」を好むという話をした。その時に紹介した「提案があります」以外にも無数に例がある。ここではその一部をお見せすることにした。「信頼する」を have confidence のように「have ＋抽象名詞」で表す⑧のような例も多い。

●

1. **I have** a car waiting outside.
   外に車を待たせてあります。

2. **I have** a favorite bar in Shinjuku.（フェイヴァリット）
   新宿に行きつけの飲み屋があります。

3. **I have** a question about this project.
   この計画について質問があるのですが。

4. **I have** a reservation for a twin.
   ツインの部屋を予約してあります。

5. **I have** a suggestion.
   提案があります。

6. **I have** an appointment with him at 4.
   4時にお約束がしてあります。

7. **I have** another idea.
   別の提案があります。

8. **I have** confidence in you.
   あなたを信頼しています。

200人のホンネ ● Marcel Marceau ●

I have spent more than half a lifetime trying to express the tragic moment.
私は人生の半分を"悲劇的な瞬間"を表現しようと試みることに費やしてきた。

⑨ **I have** experience in teaching English.
　　私は英語を教えた経験があります。

⑩ **I have** good news for you.
　　よい知らせがあります。

⑪ **I have** my own trading company.
　　貿易会社をやっております。

⑫ **I have** no clue.
　　手がかりがありません。

⑬ **I have** no engagement that day.
　　その日は約束がありません。

⑭ **I have** no reason to envy her.
　　彼女をねたむ理由などありません。

⑮ **I have** nothing in particular to do today.
　　今日は特別な予定は何もありません。

⑯ I already **have** plans tomorrow.
　　明日は都合が悪いんです。

⑰ **I have** something to ask you.
　　お尋ねしたいことがあります。

⑱ **I have** such a short memory.
　　度忘れしました。

⑲ **I have** the same opinion.
　　私も同意見です。

⑳ **I have** 15 years' seniority.
　　　　　　　スィーニョーリティ
　　私は勤続15年です。

Words of 200 People　　　　● **George Bernard Shaw** ●

I have to live for others and not for myself: that's middle-class morality.
自分のためではなく、他人のために生きねばならない。――それが中流階級の道徳である。

第6章　"I"モードの英語術　　*141*

8　I've...

できれば、訳を見ながら、「①は現在完了の完了用法」、「②は継続用法」というように、文法の復習をしていただきたい。④の現在完了進行形は、過去から今に至るまでずっと続いている事柄を表している。⑦も同様である。

●

1. **I've** arranged your schedule.
   スケジュールを決めさせていただきました。

2. **I've** been expecting you.
   お待ちしておりました。

3. **I've** been ill since last week.
   先週から風邪をひいています。

4. **I've** been looking forward to meeting you.
   お会いするのを楽しみにしておりました。

5. **I've** been spending every minute on it.
   それにかかりっきりになっております。

6. **I've** been to China and Singapore.
   中国とシンガポールに行ってきました。

7. **I've** been waiting to meet you for a long time.
   かねがねお会いしたいと思っておりました。

8. **I've** changed my mind.
   気が変わりました。

200人のホンネ　　● **Wilhelm Friedrich Ludwig I** ●

I haven't got time to be tired.
私には、疲れている時間などない。

9 **I've** come to say good-bye.
お別れを言いにやって来ました。

10 **I've** decided to quit smoking.
たばこをやめる決心をしました。

11 **I've** enjoyed your company.
ご一緒できて楽しかったです。

12 **I've** got nothing special to talk about.
別にお話しすることはありません。

13 **I've** got so much to do.
することがたくさんあります。

14 **I've** heard a lot about you.
おうわさはかねがねうかがっております。

15 **I've** heard the story before.
その話は2度目ですよ。

16 **I've** lost my passport.
パスポートをなくしました。

17 **I've** already made other plans.
もう約束を入れてしまいました。

18 **I've** recovered from my cold.
風邪はもう治りました。

19 **I've** run out of patience.
もう我慢できません。

20 **I've** taken too long.
時間を使いすぎた。

Words of 200 People ● Josh Billings ●

I haven't much doubt that man sprang from the monkey, but where did the monkey spring from?
人間がサルから発達したことはあまり疑わないが、では、サルは一体どこから出てきたのだろう。

9　I'll... ❶

この❶では、「部屋までご案内いたします」のように、これから自分が行う行為を予告する言い方（[1]～[10]）と、「5時までには戻る予定です」のように、今後の予定を述べる言い方（[11]から[20]）を集めてお見せすることにした。

●

[1] **I'll** bring my car here.
　　ここに車をお回しします。

[2] **I'll** check my schedule for this week.
　　今週の予定を見てみましょう。

[3] **I'll** communicate with you via e-mail.
　　今度はEメールでご連絡します。

[4] **I'll** connect you to Extension 204.
　　内線204におつなぎします。

[5] **I'll** fax it to your secretary tomorrow.
　　明日そちらの秘書の方にファックスいたします。

[6] **I'll** have him call you back.
　　彼に折り返し電話させますので。

[7] **I'll** put you through to the Sales Department.
　　営業部にお回しします。

[8] **I'll** show you to his office.
　　部屋までご案内いたします。

200人のホンネ　　●　**Jean Baudrillard**　●

I hesitate to deposit money in a bank. I am afraid I shall never dare to take it out again.
私は銀行にお金を預ける気になれない。2度と引き出す勇気が出ないんじゃないかと心配なのだ。

⑨ I'll tell him that you called.
お電話があったことをお伝えしておきます。

⑩ I'll try to contact him.
連絡をとってみましょう。

⑪ I'll be at the office from Monday to Friday.
月曜から金曜までは会社におります。

⑫ I'll be back by five o'clock.
5時までには戻る予定です。

⑬ I'll be busy on that day.
その日は忙しいんです。

⑭ I'll be late because the train was late.
列車が遅れたので到着が遅れます。

⑮ I'll be out of town all next week.
来週はずっと出張です。

⑯ I'll be 32 this October.
今年の10月で32歳になります。

⑰ I'll go to work this weekend.
今週末は休日出勤です。

⑱ I'll graduate next year.
（グラジュエイト）
来年卒業の予定です。

⑲ I'll receive a 10% raise next April.
来年の4月に10%給料アップの見込みです。

⑳ I'll stay for three days.
3日間の滞在予定です。

Words of 200 People ● D.H.Lawrence ●

I hold that the parentheses are by far the most important parts of a non-business letter.
私は、私的な手紙においては、余談の部分こそ重要な意味を持っていると思う。

10 I'll... ❷

この❷では、「ベストを尽くします」のように、強い意志を表す用法と、「20ドルなら買います」のように、たった今、瞬間的に思いついた考えを述べる用法を取り上げた。いずれにしても、I'll...という表現法には、他人にはくつがえしがたい強さがある。

●

1. **I'll** buy it if it's 20 dollars.
   20ドルなら買います。
2. **I'll** come back another time.
   また出直してきます。
3. **I'll** do my best.
   ベストを尽くします。
4. **I'll** do what I can.
   できるだけのことはいたします。
5. **I'll** get off at the next stop.
   次の駅で降ります。
6. **I'll** get right onto it.
   すぐに取りかかります。
7. **I'll** give it a try.
   やってみます。
8. **I'll** give it my best shot.
   精一杯、頑張ってみます。

200人のホンネ ● Ingmar Bergman ●

I hope I never get so old I get religious.
私は、宗教じみるほど年を取りたくない。

9 I'll give it some thought.
考えておきましょう。

10 I'll have tea after dinner.
食後に紅茶をお願いします。

11 I'll join you in that.
私も乗ります。

12 I'll pass.
(今回は) やめておきます。

13 I'll see it doesn't happen again.
2度と起こらないように注意します。

14 I'll take a chance.
一か八かやってみよう。

15 I'll take care of it.
私にまかせて下さい。

16 I'll take this one.
これを下さい。

17 I'll tell you frankly.
率直に申し上げます。

18 I'll tell you the truth.
本当のことを言います。

19 I'll treat you to a drink.
1杯おごりましょう。

20 I'll try not to let you down.
期待を裏切らないよう努力します。

Words of 200 People ● **Bill Arp** ●

I joined the army, and succeeded in killing about as many of the enemy as they of me.
私は軍隊に入り、敵が私を殺すのと同じくらい、敵を殺してやった。

11 I'd like...

店で自分の欲しい物を告げる時などに最適なのが、I'd like...だ。その他、「窓側の席をお願いします」のように、自分の要望をソフトに伝える時にも、I'd like...が便利だ。I'd like to...と動詞をつなげる用法は、次の項で扱う。

●

[1] **I'd like** a cup of tea, please.
　　紅茶を1杯お願いします。

[2] **I'd like** a cut.
　　カットをお願いします。

[3] **I'd like** a hamburger and a coke.
　　ハンバーガーとコーラをお願いします。

[4] **I'd like** a Japanese-speaking guide, please.
　　日本語ができるガイドをお願いしたいのですが。

[5] **I'd like** a key to Room 623, please.
　　623号室のキーをお願いします。

[6] **I'd like** a lipstick.
　　口紅が欲しいのですが。

[7] **I'd like** advance tickets.
　　前売券を買いたいのですが。

[8] **I'd like** an aisle [a window] seat, please.
　　通路側[窓側]の席をお願いします。

200人のホンネ　　　　　　　　　　● **Will Rogers** ●

I joked about every prominent man in my life, but I never met one I didn't like.
私はこれまで、あらゆる有名人を冗談の種にしてきたが、嫌いな人物に会ったことは1度もない。

⑨ **I'd like** another cup of coffee.
   コーヒーをもう1杯お願いします。

⑩ **I'd like** a pair of jogging shoes.
   ジョギングシューズが欲しいのですが。

⑪ **I'd like** a single room with a bath.
   バス付きのシングルルームをお願いします。

⑫ **I'd like** a table for two at seven.
   7時に2人分の席を予約したいのですが。

⑬ **I'd like** a wake-up call at six, please.
   6時にモーニングコールをお願いしたいのですが。

⑭ **I'd like** express delivery.
   エクスプレスサービスで送ってほしいのですが。

⑮ **I'd like** full insurance.
   全部、保険をかけて下さい。

⑯ **I'd like** number six on your menu.
   メニューの6番（の料理）をお願いします。

⑰ **I'd like** some Italian food.
   イタリア料理が食べたいのですが。

⑱ **I'd like** some light reading.
   軽い読み物はありませんか。

⑲ **I'd like** some more beer.
   もっとビールが飲みたいのですが。

⑳ **I'd like** toast, salad and coffee for breakfast.
   朝食はトーストとサラダとコーヒーで願います。

Words of 200 People • Martina Navratilova •

I just **try** to concentrate on concentrating.
私はただ、集中することに集中するだけだ。

12 I'd like to...

「〜したいのですが」と自分のやりたいこと、欲することを告げるのに最適なのがI'd like to...である。もともと「できれば…」という仮定法の響きを持っているので、こちらの要望をソフトに伝えることができる。

●

1. **I'd like to** break this hundred-dollar bill.
   この100ドル札をくずして下さい。

2. **I'd like to** change my reservation.
   予約を変更したいのですが。

3. **I'd like to** confirm the bill.
   請求書はいくらでしたでしょうか。

4. **I'd like to** contact the Japanese embassy.
   日本大使館と連絡をとりたいのですが。

5. **I'd like to** exchange Japanese yen for dollars.
   日本円をドルに交換したいのですが。

6. **I'd like to** express my sincerest thanks.
   心からの感謝の気持ちをお伝えします。

7. **I'd like to** extend my stay.
   滞在を延長したいのですが。

8. **I'd like to** have a table near the window.
   窓に近い席が希望なのですが。

200人のホンネ ● Werner Herzog ●

I know for sure that there is only one step from insecticide to genocide.
昆虫を殺すのと人間の大量殺戮が紙一重なのは、確かだ。

⑨ **I'd like to** have the same dish as the next table.
　　隣のテーブルと同じ料理をお願いします。

⑩ **I'd like to** have the number of the general hospital.
　　総合病院の電話番号をお願いします。

⑪ **I'd like to** introduce my family.
　　家族をご紹介したいです。

⑫ **I'd like to** leave a message.
　　伝言をお願いしたいのですが。

⑬ **I'd like to** make a collect call to New York.
　　ニューヨークまでコレクトコールでお願いします。

⑭ **I'd like to** make a long distance call to London.
　　ロンドンまで長距離電話したいのですが。

⑮ **I'd like to** make an appointment for tomorrow.
　　明日のアポをとりたいのですが。

⑯ **I'd like to** open an account.
　　口座を開きたいのですが。

⑰ **I'd like to** rent a car for two days.
　　2日間車を借りたいのですが。

⑱ **I'd like to** spend no more than 200 dollars.
　　予算は200ドルに抑えたいのですが。

⑲ **I'd like to** take the day off on Wednesday.
　　水曜日に休暇を取りたいのですが。

⑳ **I'd like to** use an interpreter.
　　通訳をつけてほしいのですが。

Words of 200 People ● John Wanamaker ●

I know that half the money I spend on advertising is wasted; but I can never find out which half.
広告費の半分はムダだということはわかっている。ただ、どっちの半分なのかを見極めることができないだけだ。

第6章　"I"モードの英語術

13 I want to...

④の「滞在を1週間延ばしたいのですが」という訳を見ると、I'd like to...と違いがないように見えるが、I'd like to...よりも、直接的である。客の要望を聞くのが仕事であるような人に向かって、自分の要求をはっきり伝える場合には適している。

●

1. **I want to** apologize for arriving late.
   到着が遅くなってごめんなさい。

2. **I want to** arrive at the airport before 3 o'clock.
   3時前に空港に着きたいのですが。(タクシーで)

3. **I want to** confirm my reservation.
   (航空券の) 予約を確認したいのですが。

4. **I want to** extend my stay for a week.
   滞在を1週間延ばしたいのですが。

5. **I want to** get a refund on this.
   これの払い戻しをお願いします。

6. **I want to** have it cashed.
   現金にしてもらいたいのですが。

7. **I want to** have it registered.
   書留でお願いしたいのですが。

8. **I want to** have this developed.
   現像をお願いしたいのですが。

200人のホンネ ● Duncan Speath ●

I know why the sun never sets on the British Empire — God wouldn't trust an Englishman in the dark.
大英帝国に日が没しない理由は、神は暗闇では英国人を信用できないからだ。

⑨ **I want to** know the reason why you didn't come.
　来なかったわけを知りたいのだけれど。

⑩ **I want to** make an overseas personal call to Japan.
　日本へ指名電話で国際電話したいのですが。

⑪ **I want to** pay by check[credit card].
　小切手［クレジットカード］で支払いをしたいのですが。

⑫ **I want to** rest a while.
　ひと休みしたいのですが。

⑬ **I want to** send 500 dollars by postal money order.
　郵便為替で500ドル送金したいのですが。

⑭ **I want to** send 2,000 dollars by telegraphic transfer.
　電信で2000ドル送金したいのですが。

⑮ **I want to** send this to the laundry.
　これをクリーニングに出したいのですが。

⑯ **I want to** take a nap.
　昼寝をしたいんですが。

⑰ **I want you to** give this top priority.
　これを最優先でお願いします。

⑱ **I want you to** go by the bank.
　銀行に立ち寄って下さい。

⑲ **I don't want you to** be unhappy.
　あなたにいやな思いはさせたくありません。

⑳ **I don't want you to** wait.
　お待たせしたくありません。

Words of 200 People ● **Brigitte Bardot** ●

I leave before being left. I decide.
私は、去られる前に去るのです。そう決めました。

第6章　"I"モードの英語術

14　I hope/wish/like...

I hope...は自分の希望の表現である。これに対し、I wish...は願望であり、事実とは異なることを願望する場合も含む。⑫の「もっと勉強しておけばよかった」のように。⑲の「コーヒーはブラックが好きです」という時のlikeの使い方も覚えておこう。

●

1. **I hope** I answered your question adequately.
   ご質問に適切にお答えできたものと思います。

2. **I hope** I'm not disturbing you.
   お邪魔でなかったらいいのですが。

3. **I hope** we'll be able to get together again.
   またご一緒できるといいのですが。

4. **I hope** we'll have another chance.
   いずれまた機会がありますように。

5. **I hope** you enjoyed the day.
   お楽しみいただけたでしょうか。

6. **I hope** you have a long and happy life together.
   末永くお幸せに。

7. **I hope** you'll come again.
   またおいで下さいね。

8. **I hope** you'll like this.
   お気に召すといいのですが。

200人のホンネ ● Andy Warhol ●

I like making movies because it's easier than painting paintings.
私は映画作りが好きだ。なぜなら、絵を描くよりやさしいから。

⑨ **I wish** I could go with you.
　　できればご一緒したかったのですが。

⑩ **I wish** I could stay longer.
　　もっと長くいられたらいいのですが。

⑪ **I wish** I had asked him.
　　彼に頼んでおけばよかった。

⑫ **I wish** I had studied harder.
　　もっと勉強しておけばよかった。

⑬ **I like** being alone.
　　私はひとりきりが好きです。

⑭ **I like** browsing in book stores.
　　　　　　 ブラウズィング
　　本屋を見て回るのが好きです。

⑮ **I like** reading.
　　読書が好きです。

⑯ **I like** watching sports.
　　スポーツ観戦が好きです。

⑰ **I like** to bet on the horses.
　　競馬に賭けるのが好きです。

⑱ **I like** to listen to music while I'm driving.
　　運転中音楽を聞くのが好きです。

⑲ **I like** my coffee black.
　　コーヒーはブラックが好きです。

⑳ **I like** my tea very hot.
　　紅茶は熱いのが好みです。

Words of 200 People　　　　● Françoise Sagan ●

I like men to behave like men — strong and childish.
私は男が男らしくふるまうのが好きだ。強く、そして子供っぽく。

15 I think...

I think...は「これから私の考えを伝えますよ」と相手にシグナルを送る働きがある。たとえば、Homecooking is the best.と言えば断定的に響くが、I thinkを付けると、それが自分の意見であることを、あらかじめ断ったことになる（2参照）。

●

1. **I think** he is fit for the post.
   彼は適任だと思います。

2. **I think** homecooking is the best.
   家庭料理が一番だと思います。

3. **I think** I have a fever.
   どうも熱があるようです。

4. **I think** I have a high temperature.　（テンパラチャ）
   熱が高いように思います。

5. **I think** I misunderstand what you're saying.
   おっしゃっていることを取り違えたようです。

6. **I think** I'd better be going.
   そろそろおいとましなくては。

7. **I think** it is a matter of opinion.
   それは考え方の問題だと思います。

8. **I think** it ran out of paper.
   （コピー機の）紙がなくなったみたい。

200人のホンネ ● Winston Churchill ●

I like pigs. Dogs look up to us. Cats look down on us. Pigs treat us as equals.
私はブタが好きだ。犬はわれわれを見上げ、ネコは見下す。ブタはわれわれを対等に扱ってくれる。

⑨ I think it's quite the opposite.
    それはまったく反対だと思います。

⑩ I think it's worth a try.
    やってみる価値はあると思います。

⑪ I think Japan should look more to Asia.
    日本はもっとアジアに目を向けるべきだと思います。

⑫ I think that is your problem.
    それはあなたの問題だと思います。

⑬ I think the paper's jammed.
    (コピー機が) 紙詰まりしたみたい。

⑭ I think the situation is getting worse.
    事態はますます悪化していると思います。

⑮ I think this accusation is groundless.
    この非難には根拠がないように思う。

⑯ I think this idea is worth trying.
    この案は試す価値があると思います。

⑰ I think we can reach our goal by next month.
    来月までには目標達成できそうだ。

⑱ I think we should put it in writing.
    文書にしておいたほうがいいでしょう。

⑲ I think you are mistaken about that.
    その点に関しては君は間違っていると思う。

⑳ I think you dropped this.
    この点を落とされたと思いますが。

Words of 200 People ● **Bobby Fischer** ●

I like the moment when I break a man's ego.
人間のエゴを打ち破る瞬間が、私は好きである。

16 I believe/know/wonder...

I believe...は「~と思う」ということで、直訳的に「~と信じる」というほど堅苦しく考えることはない。ただし、I believe in...は「~の存在を信じる」。I believe in UFOs. と言えば、「私はUFOの存在を信じる」ということ。

●

[1] **I believe** this product can be improved.
この製品には改良の余地があると思います。

[2] **I believe** we can make progress at our next meeting.
次の会合では前進することができると思います。

[3] **I believe** in ghosts(ゴウスツ) because a lot of people have seen them.
たくさんの人が見ているので、幽霊の存在を信じます。

[4] **I don't believe** in anything I can't see.
私は、目に見えないものは何も信じません。

[5] **I don't believe** in politics(パリティックス).
私は政治を信じません。

[6] **I don't believe** that death is the end of everything.
私は死がすべての終わりだとは思いません。

[7] **I know** him by sight.
彼の顔なら知っています。

[8] I only **know** him by name.
彼の名前だけは知っています。

200人のホンネ ● Thomas Jefferson ●

I like the dreams of the future better than the history of the past.
私は過去の歴史より、未来の夢のほうを好む。

9. **I know** how you feel.
　お気持ちはわかります。

10. **I know** the birthrate in Japan is decreasing.
　日本の出生率が下がっていることは知っています。
　（ディクリースィング）

11. **I know** you must be tired after your long trip.
　長旅でさぞお疲れでしょう。

12. **I don't know** if another bus is coming.
　バスはもう1台来るんでしょうか。

13. **I don't know** whether this is true or not.
　これが本当かどうかわかりません。

14. **I wonder** how many years it's been.
　何年ぶりでしょうか。

15. **I wonder** how this plan leaked out.
　どうしてこの計画がもれたんだろう。

16. **I wonder** if this suit will wear well.
　このスーツは長持ちしますか。

17. **I wonder** if you're free tomorrow evening.
　明日の晩はお暇でしょうか。

18. **I wonder** who is the last man to live in this world.
　この世界に最後に生きているのは誰なのでしょう。

19. **I wonder** why I am so sleepy.
　どうしてこんなに眠いのだろう。

20. **I wonder** why the "bubble" burst in Japan.
　日本ではどうしてバブルは崩壊したのでしょう。

Words of 200 People ● Poly Styrene ●

I like to consume, because if you don't, then it consumes you.
私は消費するのが好きだ。そうしないと、こっちが消費されるからだ。

第6章 "I"モードの英語術

17　I feel...

I feel...は、気持ちや体調を表すのによく用いられる。たとえば、I feel sick. は「気分が悪い」ということ。この場合のsickは「病気の」ではなく「気分がよくない」ことを表す。I feel like 〜ing は、「してみたい気がする」。

●

1. **I feel** better.
   少し気分がよくなりました。

2. **I feel** chilly.
   寒気がします。

3. **I feel** dizzy.
   めまいがします。

4. **I feel** empty.
   空しい気がする。

5. **I feel** feverish.
   熱っぽく感じます。

6. **I feel** great!
   いい気分だ。

7. **I feel** guilty.
   気がとがめます。

8. **I feel** hot.
   暑いのですが。

200人のホンネ　　● Willa Cather ●

I like trees because they seem more resigned to the way they have to live than other things do.
私は木が好きだ。木は他の何物より、自分たちのあり様を甘受しているように見えるからだ。

⑨ I feel like vomiting.
   はき気がします。

⑩ I feel lonely.
   さびしく感じます。

⑪ I feel miserable.
   みじめだ。

⑫ I feel pain here.
   ここが痛みます。

⑬ I feel really down.
   落ち込みます。

⑭ I feel sad.
   悲しい気がする。

⑮ I feel very depressed.
   とても憂鬱です。

⑯ I feel as if all my strength has gone.
   すっかり力が抜けてしまいました。

⑰ I feel as if it is hard to breathe.
   息苦しく感じます。

⑱ I don't feel like eating now.
   今は食べる気がしません。

⑲ I don't feel like going now.
   今は行きたくない。

⑳ I don't feel like sleeping now.
   今は眠くありません。

Words of 200 People ● Jerome K. Jerome ●

I like work; it fascinates me. I can sit and look at it for hours.
私は仕事が好きだ。仕事は私をうっとりさせる。私は座って何時間もそれを眺めていることがある。

18 I need/must/have to...

I have to...は「そうせざるをえない状況にある」ということを表している。たとえば、⑮は「やむをえない事情でキャンセルしなければならない」ということ。これに対し、I must...は、「自分はそうせざるをえないと思う」という、話者の主観的な確信を表す。

●

1. **I need** only ten minutes.
   ほんの 10 分時間を下さい。

2. **I need** some more time to think about the conditions.
   条件についてはもう少し検討の時間が必要です。

3. **I need** somebody who understands Japanese.
   日本語がわかる人はいませんか。

4. **I need** three days to prepare the report.
   報告書を準備するのに 3 日は必要です。

5. **I need** to buy some new things for my apartment.
   アパートに引っ越すために、少し新しいものを買う必要があります。

6. **I need** to put fifty thousand yen into the bank.
   銀行に 5 万円預ける必要があります。

7. **I need** to speak with him now.
   今、どうしても彼と話がしたいのですが。

8. **I need** to take out fifty thousand yen from the bank.
   銀行から 5 万円引き出す必要があります。

200人のホンネ　　　　　　　　● Margaret Thatcher ●

I'll stay until I'm tired of it. So long as Britain needs me, I shall never be tired of it.
私は自分が退屈するまでは、ここにいたい。英国が私を必要とする限り、私が退屈することはないだろう。

⑨ **I don't need** your help.
   あなたの助けは借りません。

⑩ **I must** be going now.
   もうおいとましなくては。

⑪ **I must** go to the dentist.
   歯医者に行かなくてはなりません。

⑫ **I must** pick up my children.
   子供たちを引き取りに行かねばなりません。

⑬ **I must** stay home today.
   今日は家にいなければなりません。

⑭ **I have to** apologize to you.
   あなたにおわびしなければなりません。

⑮ **I have to** cancel my reservation.
   予約を取り消さなければならなくなったのですが。

⑯ **I have to** catch up.
   遅れを取り戻さなくては。

⑰ **I have to** go to Hong Kong by tomorrow.
   今日中にホンコンに行かなくてはならなくなった。

⑱ **I have to** leave now.
   そろそろ失礼します。

⑲ **I have to** talk it over with the boss.
   上司に相談しないとなりません。

⑳ **I have to** work overtime today.
   今日は残業しなくてはならない。

Words of 200 People ● Muhammad Ali ●

Float like a butterfly, Sting like a bee!
蝶のように舞い、蜂のように刺せ！

19　I don't...

「それはリスクに見合わないと思う」と言う時、そのまま直訳して I think it's not worth the risk. とは言わない。自分が否定的な意見を持っていることを前面に出して、I don't think...で始める（16参照）。「マインド」先行の表現法である。

●

1. **I don't** agree with your plan.
   あなたの案には賛成できません。

2. **I don't** believe him.
   彼の言うことは信じられない。

3. **I don't** care for it.
   私は好きではありません。

4. **I don't** have a minute to spare.
   まったく時間の余裕がありません。

5. **I don't** have a reservation.
   予約していないのですが。

6. **I don't** have much time to spend with my family.
   家族と過ごす時間が十分にとれません。

7. **I don't** know how to apologize to you.
   何とおわびしてよいかわかりません。

8. **I don't** know how to say it in English.
   これを英語で何というのかわかりません。

200人のホンネ　　● Noel Coward ●

I'll go through life either first class or third, but never in second.
私は一流か三流かで一生通したい。二流だけはご免だ。

⑨ **I don't** know how to thank you enough.
あなたには感謝の言葉もありません。

⑩ **I don't** know what he's really thinking.
彼が一体何を考えているのかわかりません。

⑪ **I don't** know what to say.
何と申し上げたらよいかわかりません。

⑫ **I don't** like to see girls smoking.
女の子がたばこを吸うのは好きではありません。

⑬ **I don't** mind at all.
まったく構いません。

⑭ **I don't** remember.
思い出せません。

⑮ **I don't** think he is telling the truth.
彼が本当のことを言っているとは思えません。

⑯ **I don't** think it's worth the risk.
それはリスクに見合わないと思います。

⑰ **I don't** think we should open e-mail from strangers.
見知らぬ人からのEメールは開くべきではないと思います。

⑱ **I don't** understand what you mean.
あなたが何を言っているのかわかりません。

⑲ **I don't** want my daughter to dye her hair.
娘に髪を染めてほしくありません。

⑳ **I don't** want to hear any excuse.
言い訳は聞きたくありません。

Words of 200 People　　　　　　　　● Charles M.Schulz ●

I love mankind, it's people I can't stand.
私は人類を愛している。我慢がならないのは人々である。

20　I can't...

affordは「経済的、あるいは時間的な余裕がある」という意味の動詞。従って、I can't afford...は「～を買う余裕がない、～をする暇がない」という意味でよく使われる。⒄のstandは「我慢する」という動詞。I can't stand it. なら「もう我慢できない」。

●

1. **I can't** afford the time.
   時間の余裕がありません。

2. **I can't** afford to be lazy.
   遊んでいる余裕はありません。

3. **I can't** afford to wear expensive clothes.
   高価な服を着るような余裕はありません。

4. **I can't** concentrate on anything.
   何も集中できません。

5. **I can't** figure him out.
   彼が何を考えているのかわかりません。

6. **I can't** get into my work.
   仕事に気が乗りません。

7. **I can't** give you an immediate answer today.
   　　　　　　　　　　　　(イミーディエイット)
   今日のところは即答することができません。

8. **I can't** hear you very well.
   （電話が遠くて）よく聞こえません。

200人のホンネ ● Walt Disney ●

I love Mickey Mouse more than any woman I've ever known.
私は、これまで知り合ったどんな女性よりもミッキーマウスを愛している。

9 **I can't** keep up.
話についていけません。

10 **I can't** make an exception for you.
あなただけ特別扱いするわけにはいきません。

11 **I can't** make any comment.
何とも言えません。

12 **I can't** make ends meet on my salary.
私の給料ではやっていけません。

13 **I can't** meet your expectations.
あなたの期待に沿うことはできません。

14 **I can't** promise.
お約束はできません。

15 **I can't** say yes.
同意はできません。

16 **I can't** see your point.
おっしゃっていることがわかりません。

17 **I can't** stand her.
彼女には我慢できない。

18 **I can't** support your opinion.
あなたの意見は支持できません。

19 **I can't** thank you enough.
お礼の言いようがありません。

20 **I can't** withdraw my remarks.
私の意見を引き下げるわけにはいきません。

Words of 200 People ● Andrea Newman ●

I love the male body, it's better designed than the male mind.
私は男性の体が好きだ。心よりは体のほうがうまくデザインされているからだ。

21 May I...?

「～してもいいですか」と許可を求める時や、「～していただけませんか」と依頼する時の、最も丁寧な言い方が May I...? である。どんな相手にも、心配なく使える。また、丁寧すぎて失礼になるという心配もない。

---

1. **May I** ask a favor of you?
   お願いしたいことがあるのですが。

2. **May I** ask who's calling?
   どちら様でしょうか。

3. **May I** ask your opinion on this?
   この点についてご意見をうかがいたいのですが。

4. **May I** change my seat?
   座席を替わりたいのですが。

5. **May I** clear the table?
   もうテーブルを片づけてよろしいでしょうか。

6. **May I** have a receipt, please?
   レシートをお願いします。

7. **May I** have Extension 206?
   内線206に回していただけますか。

8. **May I** have room service?
   ルーム・サービスは受けられますか。

200人のホンネ ● Mae West ●

I only **like** two kinds of men: domestic and foreign.
私は2種類の男だけが好きだ。国内産のと外国産のと。

⑨ **May I** have the Export Department?
輸出部に回して下さい。

⑩ **May I** get you to approve this document?
この書類にご承認いただけますか。

⑪ **May I** have your name?
お名前をうかがいたいのですが。

⑫ **May I** help you?
いらっしゃいませ。／どのようなご用件でしょうか。

⑬ **May I** see your passport, please?
パスポートをお見せ下さい。

⑭ **May I** take a look?
（商品を）ちょっと見てもいいですか。

⑮ **May I** take tomorrow off?
明日休んでもいいですか。

⑯ **May I** take your order?
ご注文をお聞きしていいですか。

⑰ **May I** talk to you for a minute?
ちょっとだけお話があるのですが。

⑱ **May I** try this coat on?
このコートを試着してもいいですか。

⑲ **May I** use the bathroom?
お手洗いをお借りしたいのですが。

⑳ **May I** use your phone?
電話をお借りしたいのですが。

Words of 200 People ● **Katherine Mansfield** ●

I'm a writer first and a woman after.
私はまず作家であり、次に女性である。

第6章　"I"モードの英語術

22 Can I...?

May I...?に比べると、多少ラフな感じ。友人同士や親しい間柄で使う分には問題がない。また、仕事としてこちらの要求を聞く立場の相手に対して、よく用いられる。たとえば、「分割払いはできますか」と尋ねる⑫の場合など。

●

1. **Can I** buy you a drink?
   1杯おごらせて下さい。

2. **Can I** cash a traveler's check?
   トラベラーズチェックを現金にしたいのですが。

3. **Can I** have a morning call at 6?
   6時にモーニングコールをお願いしたいのですが。

4. **Can I** have this delivered?
   （ディリヴァード）
   これを配達してもらえますか。

5. **Can I** help you?
   いらっしゃいませ。

6. **Can I** leave a message?
   伝言をお願いしたいのですが。

7. **Can I** leave the car anywhere?
   車はどこで乗り捨てても構いませんか。

8. **Can I** make a reservation?
   予約をしたいのですが。

200人のホンネ ● **Woody Allen** ●

I'm astounded by people who want to "know" the universe when it's hard enough to find your way around Chinatown.
中華街で自分がどこにいるのかもわからなくなるというのに、宇宙について"認識"しようとする人々がいるのはオドロキだ。

⑨ **Can I** make a telegraphic transfer here?
　こちらで電信送金できますか。

⑩ **Can I** order a takeout here?
　持ち帰りの注文はできますか。

⑪ **Can I** park my car here?
　ここに駐車してもいいですか。

⑫ **Can I** pay by installments?
　分割払いはできますか。

⑬ **Can I** use VISA?
　VISAカードは使えますか。

⑭ **Where can I** find a pay phone?
　公衆電話はどこにありますか。

⑮ **Where can I** find the Sales Department?
　営業部はどちらですか。

⑯ **Where can I** get a taxi?
　タクシーはどこで拾えますか。

⑰ **Where can I** get in touch with you tomorrow?
　明日はどこで連絡が取れますでしょうか。

⑱ **Where can I** rent a car?
　レンタカーはどこですか。

⑲ **How can I** go there, by train or bus?
　そこへ行くのは電車ですか、それともバスですか。

⑳ **How can I** make an international phone call?
　国際電話はどのようにかければいいのでしょうか。

Words of 200 People　　● V.S.Naipaul ●

I'm the kind of writer that people think other people are reading.
私は、誰か他の人が読んでいるんだろうと皆が思っているような、そんな作家である。

23 Could I...?

Can I...?を少し丁寧にした感じなのが、このCould I...?だ。「できれば…」という仮定法の気持ちが入っている分、ソフトに響く。⑨のように「お名刺をいただけますか」と初対面の相手に使っても、失礼にはあたらない。

●

[1] **Could I** ask you for a further explanation?(エクスプラネイジュン)
もっと詳しい説明が聞きたいのですが。

[2] **Could I** ask you to send this baggage to Japan?(バギッジ)
この荷物を日本に送ってほしいのですが。

[3] **Could I** do something for you?
何か私にできることがありますか。

[4] **Could I** drop by for a minute?
ちょっと寄ってもいいですか。

[5] **Could I** get you something to drink?
何かお飲みになりますか。

[6] **Could I** have a menu, please?
メニューを見せて下さい。

[7] **Could I** have a refund on this?
これは返品できますか。

[8] **Could I** have another room key?
ルームキーをもう1ついただけますか。

200人のホンネ ● Garry Shandling ●

I'm too shy to express my sexual needs except over the phone to people I don't know.
私は人一倍恥ずかしがりやで、電話で見ず知らずの人が相手でないと、とても自分の性的な欲求を表明することができない。

⑨ Could I have one of your cards?
お名刺をいただけますか。

⑩ Could I have the sugar, please?
砂糖を取っていただけますか。

⑪ Could I have your address?
ご住所をお教えいただけますか。

⑫ Could I have your baggage checks?
荷物札はございますか。

⑬ Could I have your opinion?
ご意見をうかがいたいのですが。

⑭ Could I have your phone number?
電話番号をお教え下さい。

⑮ Could I leave a message for him?
彼に伝言をお願いしてもいいですか。

⑯ Could I leave my valuables in the safe?
（ヴァリュアボーズ）
貴重品を金庫に預かっていただけますか。

⑰ Could I see some less expensive ones?
もっと安い商品を見たいのですが。

⑱ Could I see you again?
またお会いいただけますか。

⑲ Could I speak to Mr. Green, please?
グリーンさんとお話ししたいのですが。

⑳ Could I possibly use your bathroom?
できればお手洗いをお借りしたいのですが。

Words of 200 People ● **Derek Jarman** ●

I'm not afraid of death but I am afraid of dying.
私は死が恐ろしいのではない。死ぬことが怖いのだ。

第6章　"I"モードの英語術

24 Do I/ Will I...?など

「Iを主語にした文」の最後は、いろいろな形の疑問文を集めてみた。Do I...?はご覧のように、How do I...?/Where do I...?/How much do I...?など、いろいろな疑問詞とのコンビネーションで使われるケースが多い。

●

1. **Do I** need a reservation?
   予約は必要なのでしょうか。

2. **Do I** need an operation?
   手術は必要でしょうか。

3. **Do I** need to fill in an application form?
   申込用紙に記入する必要があるのでしょうか。

4. **How do I** fill out this form?
   この用紙はどう記入するのでしょうか。

5. **How do I** get to the Hilton Hotel?
   ヒルトンホテルはどう行けばいいのでしょうか。

6. **How many times do I** change trains to get there?
   そこに行くには何回乗り換えが必要ですか。

7. **How much do I** owe you?
   いかほどでしょうか。

8. **How much time do I** have?
   どのくらいお時間をいただけますか。

200人のホンネ ● Alfred Hitchcock ●

I'm not against the police; I'm just afraid of them.
私は警察に反抗しているのではない。警察が怖いのだ。

⑨ **Where do I** catch the bus for the airport?
空港行きのバスはどこから出ますか。

⑩ **Will I** be in time for the bus?
バスに間に合うでしょうか。

⑪ **Where will I** find ties?
ネクタイ売り場はどこですか。

⑫ **What title will I** be receiving?
私はどういう肩書になるのでしょうか。

⑬ **Should I** wear a suit?
スーツ着用ですか。

⑭ **What number should I** dial for information?
番号案内は何番でしょうか。

⑮ **Which train should I** take?
どの電車に乗ればいいのでしょうか。

⑯ **How should I** fill in this invoice?
この伝票はどう記入すればいいのですか。

⑰ **Shall I** come to pick you up?
お迎えにまいりましょうか。

⑱ **Shall I** have him call you back later?
後ほど折り返し電話させましょうか。

⑲ **Shall I** put you through to someone else?
（電話を）他の者にお回ししましょうか。

⑳ **Shall I** wrap them separately?
別々にお包みいたしますか。

Words of 200 People ● Robert Frost ●

I'm not confused, I'm just well mixed.
私は混乱などしていない。ただ、よく混ざり合っているだけだ。

第6章　"I"モードの英語術

復習コーナー

本章で学んだ英文を、もう1度思い出そう。

すべての英文を復習するのは無理なので、1つの表現につき2題ずつ代表選手を選んで復習することにした。4表現ごと(8題ごと)に解答をお見せするので、ご確認いただきたい。

---

1 I'm sorry...
(1) すみませんが、よく聞き取れません。
(2) 残念ですが、他に約束があるもので。

2 I'm afraid...
(3) 残念ながら、私の手には余ります。
(4) あいにく、この製品はただいま在庫切れです。

3 I'm glad...など
(5) 直接お話しする機会が持てて、うれしいです。
(6) ここでは欲しい物が安く買えて幸せです。

4 I'm ＋前置詞
(7) 彼の提案には反対です。
(8) 私は契約書にサインすることに賛成です。

答え

(1) **I'm sorry** I can't hear you very well.
(2) **I'm sorry** I have another appointment.
(3) **I'm afraid** it's more than I can manage.
(4) **I'm afraid** this product is out of stock now.
(5) **I'm pleased** to have a chance to talk with you.
(6) **I'm happy** to be able to buy what I want at low prices here.

200人のホンネ ● **Napoleon Bonaparte** ●

I made all my generals out of mud.
私は部下の将軍を、すべて泥で作った。

(7) **I'm against** his proposal.
(8) **I'm for** signing the contract.

---

5 I'm ～ing
(9) 折り返しお電話しております。
(10) これは私の経験から申し上げているのです。

6 I'm ＋過去分詞
(11) 私は彼女の無実を確信しています。
(12) 私は自営業です。

7 I have...
(13) ツインの部屋を予約してあります。
(14) その日は約束がありません。

8 I've...
(15) お会いするのを楽しみにしておりました。
(16) おうわさはかねがねうかがっております。

答え
(9) **I'm returning** your call.
(10) **I'm telling** you this from my experience.
(11) **I'm convinced** of her innocence.
(12) **I'm self-employed.**
(13) **I have** a reservation for a twin.
(14) **I have** no engagement that day.
(15) **I've** been looking forward to meeting you.
(16) **I've** heard a lot about you.

Words of 200 People ● Blaise Pascal ●

I maintain that, if everyone knew what others said about him, there would not be four friends in the world.
私は思う。もしも他人が自分について何を言っているのか知ってしまったら、世には4人の友達もいなかろう。

9 I'll...❶
(17) お電話があったことをお伝えしておきます。
(18) 来年の4月に10%給料アップの見込みです。

10 I'll...❷
(19) 20ドルなら買います。
(20) できるだけのことはいたします。

11 I'd like...
(21) 日本語ができるガイドをお願いしたいのですが。
(22) コーヒーをもう1杯お願いします。

12 I'd like to...
(23) ロンドンまで長距離電話したいのですが。
(24) 予算は200ドルに抑えたいのですが。

答え
(17) **I'll** tell him that you called.
(18) **I'll** receive a 10% raise next April.
(19) **I'll** buy it if it's 20 dollars.
(20) **I'll** do what I can.
(21) **I'd like** a Japanese-speaking guide, please.
(22) **I'd like** another cup of coffee.
(23) **I'd like to** make a long distance call to London.
(24) **I'd like to** spend no more than 200 dollars.

13 I want to...
(25) 3時前に空港に着きたいのですが。
(26) これを最優先でお願いします。

200人のホンネ ● Henry David Thoreau ●
I never found the companion that was so companionable as solitude.
孤独ほど心安まる仲間を、私はついぞ知らなかった。

14 I hope/wish/like...
(27) ご質問に適切にお答えできたものと思います。
(28) もっと勉強しておけばよかった。
15 I think...
(29) 日本はもっとアジアに目を向けるべきだと思います。
(30) この案は試す価値があると思います。
16 I believe/know/wonder...
(31) 私は死がすべての終わりだとは思いません。
(32) どうしてこの計画がもれたんだろう。

答え

(25) **I want to** arrive at the airport before 3 o'clock.
(26) **I want** you **to** give this top priority.
(27) **I hope** I answered your question adequately.
(28) **I wish** I had studied harder.
(29) **I think** Japan should look more to Asia.
(30) **I think** this idea is worth trying.
(31) **I don't believe** that death is the end of everything.
(32) **I wonder** how this plan leaked out.

---

17 I feel...
(33) 気がとがめます。
(34) 今は食べる気がしません。
18 I need/must/have to...
(35) 歯医者に行かなくてはなりません。
(36) 予約を取り消さなければならなくなったのですが。

Words of 200 People ● Mae West ●
I never loved another person the way I loved myself.
私は、自分を愛するようには他人を愛したことがない。

第6章　"I"モードの英語術

19 I don't...

(37) 何とおわびしてよいかわかりません。

(38) 見知らぬ人からのEメールは開くべきではないと思います。

20 I can't...

(39) 高価な服を着るような余裕はありません。

(40) 私の意見を引き下げるわけにはいきません。

答え

(33) **I feel** guilty.

(34) **I don't feel** like eating now.

(35) **I must** go to the dentist.

(36) **I have to** cancel my reservation.

(37) **I don't** know how to apologize to you.

(38) **I don't** think we should open e-mail from strangers.

(39) **I can't** afford to wear expensive clothes.

(40) **I can't** withdraw my remarks.

---

21 May I...?

(41) どちら様でしょうか。

(42) この書類にご承認いただけますか。

22 Can I...?

(43) 持ち帰りの注文はできますか。

(44) 分割払いはできますか。

23 Could I...?

(45) 貴重品を金庫に預かっていただけますか。

(46) もっと安い商品を見たいのですが。

200人のホンネ ● Rudyard Kipling ●

I never made a mistake in my life; at least, never one that I couldn't explain away afterward.
私はこれまでミスを犯したことはない。少なくとも、後で言いのがれできないようなミスはね。

24 Do I/ Will I...?など

(47) そこに行くには何回乗り換えが必要ですか。

(48) この伝票はどう記入すればいいのですか。

答え

(41) **May I** ask who's calling?

(42) **May I** get you to approve this document?

(43) **Can I** order a takeout here?

(44) **Can I** pay by installments?

(45) **Could I** leave my valuables in the safe?

(46) **Could I** see some less expensive ones?

(47) **How many times do I** change trains to get there?

(48) **How should I** fill in this invoice?

Words of 200 People ● Wanda Landowska ●

I never practice: I always play.
私は決して練習はしません。いつでも実演なのです。

"You"モードの英語術

第7章のテーマは "You" モードの英語術、すなわち「youが主語の文」である。

最初に、この章全体の流れを見ておくことにしよう。

1. Do you...?
2. Do you have...?
3. What/How do you...? など
4. Are you...?
5. Would you...?
6. Could you...?
7. Can you...?
8. Will you...?

ご覧の通り、ここで扱うのは、すべて疑問文ばかりである。

では、「youを主語にした肯定文」は、会話でまったく用いられないかと言えば、もちろんそんなことはない。ここに、いくつかのパターンをご紹介しておくことにしよう。

200人のホンネ ● Sydney Smith ●

I never read a book before reviewing it; it prejudices one so.
私は書評を書く前にその本を読んだりしない。読めばどうしても先入観を持ってしまう。

① **You're** too honest.
「君は正直すぎる(馬鹿正直だ)」
② **You're** asking the impossible.
「君は不可能なことを求めている(できない相談だ)」
③ **You look** pale.
「顔色が悪いよ」
④ **You can** make an international call from this phone.
「この電話から国際電話がかけられます」
⑤ **You can't** be too careful.
「注意しすぎるということはない(念には念を入れよ)」
⑥ **You must** be tired after such a long flight.
「長旅でさぞお疲れでしょう」
⑦ **You receive** a 3-year guarantee with this machine.
　　　　　　　　　　　　　ギャランティー
「この機械には3年間の保証期間がついています」
⑧ **You left** the TV on.
「テレビがつけっぱなしだよ」

　これらは、肯定文(⑤のみ否定文)だが、どれも会話で使える常套句ばかりである。しかし、これをパターン化して示すことは難しいので、この章では疑問文に的をしぼることにした。
　では、次のページから始めよう。

Words of 200 People　　　　　　　　● **Albert Einstein** ●
I never think of the future—it comes soon enough.
私は未来のことは考えない。どうせすぐにやって来るのだから。

第7章　"You"モードの英語術　　*183*

1 Do you...?

Do you...の後には、状態動詞が来るのが普通である。代表例は know, think, need, speak など。Do you go to school on Saturday?「土曜日には学校に行きますか」の場合には、go が「行く」という動作ではなく「通う」という習慣的な行為を表している。

●

[1] **Do you** accept credit cards?
　　クレジットカードは使えますか。

[2] **Do you** agree or disagree on this matter?
　　この件に賛成ですか、それとも反対ですか。

[3] **Do you** happen to be free this evening?
　　今晩はお暇でしょうか。

[4] **Do you** know his background?
　　彼の経歴をご存じですか。

[5] **Do you** know if there's a hotel near here?
　　この近くにホテルはありますか。

[6] **Do you** know the meaning of this word?
　　この言葉の意味がわかりますか。

[7] **Do you** know the weather forecast for tomorrow?
　　明日の天気予報はご存じですか。

[8] **Do you** know what department he's in?
　　彼の部署はわかりますでしょうか。

200人のホンネ　　● Andy Warhol ●

I never think that people die. They just go to department stores.
人が死ぬなんて思えない。ちょっとデパートに行くだけだ。

9 **Do you** mind if I sit next to you?
隣に座ってよろしいでしょうか。

10 **Do you** mind if I smoke?
たばこを吸ってもかまいませんか。

11 **Do you** mind if I try it on?
試着してもいいですか。

12 **Do you** need a doctor?
医者を呼びましょうか。

13 **Do you** need an answer right now?
すぐに返事が必要ですか。

14 **Do you** prefer tea or coffee?
紅茶がいいですか、コーヒーがいいですか。

15 **Do you** speak Japanese?
日本語は大丈夫ですか。

16 **Do you** take traveler's checks?
トラベラーズチェックでもいいですか。

17 **Do you** think he's serious?
彼は本気だと思いますか。

18 **Do you** think this product is too expensive?
この製品は高すぎるとお思いですか。

19 **Why don't you** come over?
ちょっと寄って行きませんか。

20 **Why don't you** join me for dinner?
ご一緒に夕食でもどうですか。

Words of 200 People ● **Gottfried Wilhelm Leibniz** ●

I often **say** a great doctor kills more people than a great general.
私はよく言うんだ。偉大な医者は偉大な将軍よりも多くの人を殺す、とね。

2 Do you have...?

I have...が英語で好まれる表現であるために、Do you have...?もよく使われる。たとえば、I have a fever.「熱がある」を疑問文にすれば、Do you have a fever?となる。なお、Do you have the time?(⑭)とDo you have time... (⑮)の違いに注意していただきたい。

●

1. **Do you have** a fever?
   熱はありますか。

2. **Do you have** a menu?
   メニューを見せて下さい。

3. **Do you have** a minute?
   ちょっと時間はありますか。

4. **Do you have** a table for five?
   5人分の席はありますか。

5. **Do you have** an appointment with Mr. Black?
   ブラック氏とお約束ですか。

6. **Do you have** any comments on this budget proposal?
   この予算案について何かご意見はございますか。

7. **Do you have** any other designs?
   他のデザインのはないですか。

8. **Do you have** any place in mind?
   どこか心当たりの場所はありますか。

200人のホンネ　　　　● **George Jean Nathan** ●

I only **drink** to make other people seem more interesting.
私が酒を飲むのは、そうしたほうが周りの人々がおもしろく見えるからだ。

9 **Do you have** any plans for summer vacation?
夏休みの計画は何か立てましたか。

10 **Do you have** any questions?
ご質問はありますか。

11 **Do you have** any special dishes today?
今日は何か特別料理はありますか。

12 **Do you have** anything to declare?
申告するものは何かお持ちですか。

13 **Do you have** change for five thousand yen?
5000円をくずしていただけますか。

14 **Do you have** the time?
今、何時ですか。

15 **Do you have** time right now?
今、時間ありますか。

16 **Do you have** this in red?
これの赤い色のはありますか。

17 **Do you have** this in size 9?
これで9号サイズのはありますか。

18 **Do you have** this shirt in a smaller size?
このシャツでサイズの小さいのはありますか。

19 **Don't you have** any plain color ones?
無地のものはありませんか。

20 **Don't you have** cheaper ones?
もっと安いものはありませんか。

Words of 200 People ● Margaret Thatcher ●

I owe nothing to Women's Lib.
私はウーマンリブには何も負っていません。

第7章 "You"モードの英語術

3 What / How do you...? など

最初に取り上げたDo you...?の応用が、What do you...?のように、疑問詞が文頭についた形である。たとえば、Do you have Japanese food?「日本料理はありますか」の変形として、What do you have?「どんな料理がありますか」が理解できるだろう。

●

1. **What do you** call this in English?
   これは英語で何と言いますか。

2. **What do you** have?
   どんな料理（品物）がありますか。

3. **What do you** recommend for today?
   今日はどの料理がおすすめですか。

4. **What do you** think of his explanation?
   彼が行った説明についてどう思いますか。

5. **What do you** think of this matter?
   この件についてどうお考えですか。

6. **What do you** want for your birthday?
   誕生日には何が欲しいですか。

7. **What kind of** drinks **do you** have?
   飲み物はどんなものがありますか。

8. **What kind of** desserts **do you** have?
   デザートはどんなものがありますか。

200人のホンネ ● Pablo Picasso ●

I paint objects as I think them, not as I see them.
私は、見える通りにではなく、自分の思う通りに対象を描くのだ。

⑨ What school do you go to?
　　どちらの学校にお通いですか。

⑩ What time do you open?
　　何時に開店ですか。

⑪ How do you eat *soba*?
　　そばはどうやって食べるものですか。

⑫ How do you get to work?
　　仕事場にはどうやって行くのですか。

⑬ How do you like your steak?
　　ステーキの焼き加減のお好みは？

⑭ How do you pronounce this word?
　　この単語はどう発音するのですか。

⑮ How do you say "otaku" in English?
　　英語で「おたく」はどう言うのですか。

⑯ How do you spell your name?
　　お名前のつづりを教えて下さい。

⑰ Where do you want to meet?
　　どこでお会いしましょうか。

⑱ Which date do you have tickets for?
　　何日のチケットをお持ちなのでしょうか。

⑲ Who do you think you're talking to?
　　誰に向かって話していると思ってるんだ。

⑳ Why do you always wait till the last minute?
　　なぜ最後の最後まで何もしようとしないんだ。

Words of 200 People ● **Samuel Goldwyn** ●

I read part of it all the way through.
その本の一部分なら全部読み通したよ。

4 Are you...?

Are you...?の形の疑問文の中には、Are you joking?(④)のような現在進行形の文、Are you for or against his proposal?(③)のように前置詞句が来るもの、Are you ready?(⑧)のように形容詞が来るもの、などのパターンがある。

●

① **Are you** comfortable enough?
   居心地はいかがですか。

② **Are you** familiar with this area?
   このあたりはお詳しいのですか。

③ **Are you** for or against his proposal?
   彼の提案に賛成ですか、反対ですか。

④ **Are you** joking?
   冗談でしょう?

⑤ **Are you** listening to me?
   私の話、聞いてる?

⑥ **Are you** looking for any special color?
   何か特別の色のものをお探しですか。

⑦ **Are you** here on business?
   仕事で来られたのですか。

⑧ **Are you** ready?
   用意はいいですか。

200人のホンネ　　　　　　　　　　　　　● **Johnston Peter** ●

I really **don't** drink, but I'll split a quart with you.
酒はダメなんですけど、1クォート(約1リットル)を半分こだけにしましょう。

9 **Are you** serious?
それ本気?

10 **Are you** serving lunch now?
もうランチはやっていますか。

11 **Are you** sure?
それ本当?

12 **Are you** working overtime tonight?
今夜は残業ですか。

13 **What are you** looking for?
どんなものをお探しですか。

14 **What material are you** looking for?
どんな素材(マティアリアル)のものをお探しですか。

15 **What company are you** from?
どちらの会社からおいでですか。

16 **How are you** getting along these days?
その後お変わりありませんか。

17 **How late are you** open?
何時まで店はやっていますか。

18 **Where are you** from?
ご出身はどちらですか。

19 **Where are you** employed(インプロイド)?
どちらにお勤めですか。

20 **When are you** free?
いつがお暇ですか。

Words of 200 People ● Charles de Gaulle ●

I respect only those who resist me; but I cannot tolerate them.
私は自分に抵抗する者にだけは一目置く。ただし、彼らを許すことはできない。

5　Would you...?

Would you...? は比較的丁寧な「依頼」を表す。より丁寧に表したければ、次に扱う Could you...? あるいは、すでに学んだ May I ask...? を使うことができる。もっともこれらは程度問題であって、絶対的な尺度ではない。多くの英米人は Could you...? と Would you...? の違いはほとんど意識していない。

●

[1] **Would you** ask him to call me back?
　　折り返しお電話下さるように彼に伝言をお願いします。

[2] **Would you** bring me the check?
　　お勘定をお願いします。

[3] **Would you** change the channel?
　　チャンネルを変えてくれませんか。

[4] **Would you** come this way, please?
　　どうぞ、こちらにおいで下さい。

[5] **Would you** give me a ride tonight?
　　今晩、車に乗せていただけませんか。

[6] **Would you** give me a discount?
　　まけてもらえませんか。

[7] **Would you** have it in blue?
　　これでブルーのものはありますか。

[8] **Would you** help me clear the table?
　　テーブルの後片づけを手伝ってくれませんか。

200人のホンネ　　　　● Marianne Moore ●

I see no reason for calling my work poetry except that there is no other category in which to put it.
私の作品を詩と呼ぶのは、他に該当するカテゴリーがないから、仕方ない。

⑨ Would you like something to drink?
　何か飲み物はどうですか。

⑩ Would you like to go out for lunch with us?
　ご一緒に昼食でもどうですか。

⑪ Would you like to try a full-course meal?
　フルコースにしてみましょうか。

⑫ Would you mind calling back around 3?
　3時頃折り返し電話をいただけないでしょうか。

⑬ Would you mind passing me the pepper?
　コショウを取っていただけませんか。

⑭ Would you prefer Japanese food or Chinese food?
　日本食がいいですか、それとも中華料理にしますか。

⑮ Would you put that in writing?
　それを文書にしていただけますか。

⑯ Would you put the dishes away?
　お皿を片づけてくれませんか。

⑰ Would you repeat that, please?
　もう1度おっしゃって下さい。

⑱ Would you please take a taxi at the east exit?
　東口からタクシーを拾って下さい。

⑲ Would you tell him that I called?
　電話があったことをお伝えいただけますか。

⑳ Would you turn off the TV?
　テレビを消して下さい。

Words of 200 People　　　　　　　　　　● **Albert Camus** ●

I should like to love my country and still love justice.
私は、わが祖国を愛しつつ、なおかつ正義を愛したい。

第7章　"You"モードの英語術

6 Could you...?

Would you...? よりも丁寧に感じられるのが Could you...? である。その違いを理屈で述べるなら、will や would は「意志」を表し、could は「可能性」を表すから、と説明できるだろう。Could you...? には「できれば…」というニュアンスが含まれる。

●

1. **Could you** be more specific?(スパスィフィック)
   もっと詳しく話していただけますか。

2. **Could you** break it down for us?
   その明細をいただけませんでしょうか。

3. **Could you** call back in 20 minutes?
   折り返し20分後にお電話下さい。

4. **Could you** exchange this, please?
   これを取り替えていただけますか。

5. **Could you** explain what you mean?
   何をおっしゃりたいのか、ご説明いただけませんか。

6. **Could you** give me the date and time?
   日時を教えて下さい。

7. **Could you** please give me the International Division?
   国際部をお願いいたします。(電話で)

8. **Could you** introduce me to this young man, please?
   この若い方をご紹介いただけませんか。

200人のホンネ ● Henry David Thoreau ●

I should not talk so much about myself if there were anybody else whom I knew as well.
自分と同じくらい知っている人間が他にいれば、これほど自分のことを話しはしないだろう。

⑨ Could you look after my valuables, please?
貴重品を預かっていただけますか。

⑩ Could you move a little?
少しどいてもらえませんか。

⑪ Could you put your signature here?
こちらにご署名願います。

⑫ Could you recommend a good hotel near here?
この近くでよいホテルを教えていただけませんか。

⑬ Could you send this copy by facsimile?
この書類をファックスで送っていただけませんか。

⑭ Could you spare me a minute?
ほんの少し時間をいただけないでしょうか。

⑮ Could you spell your name, please?
お名前のつづりをお願いいたします。

⑯ Could you suggest an Italian restaurant?
イタリア・レストランを教えていただけませんか。

⑰ Could you tell me how to get to your office?
会社への行き方を教えて下さい。

⑱ Could you tell me the nature of your visit?
ご用件をお聞かせ願えないでしょうか。

⑲ Could you tell me when to get off?
いつ降りたらいいか教えて下さい。

⑳ Could you tell me your views on the project?
この計画についてのご意見をお聞かせ下さい。

Words of 200 People ● Sylvia Plath ●

I shut my eyes and all the world drops dead;/ I lift my eyes and all is born again.
私が目を閉じると、全世界は姿を消す。/目を開けると、全世界がよみがえる。

7 Can you...?

Can you...? は、丁寧さの順位から言えば、Could you...? の下である。家族の間や親しい間柄では、何の問題もなく使える。上司が部下に対して用いれば、「〜してくれないか」という指示を出すことになる。場合によっては「〜できるかね」という確認と取ることもできる。

●

1. **Can you** adjust the length?
   丈を直してもらえますか。

2. **Can you** attend the meeting?
   会議には出席できますか。

3. **Can you** explain in more detail?
   もう少し詳しく説明してもらえませんか。

4. **Can you** explain it more clearly?
   もっとわかりやすく説明してもらえませんか。

5. **Can you** find a doctor who speaks Japanese?
   日本語の話せる医者を探してもらえませんか。

6. **Can you** give me 30 minutes?
   30分だけ時間をいただけますか。

7. **Can you** hear me?
   聞こえますか。

8. **Can you** join us?
   同席していただけますか。

200人のホンネ　　　　　　　　　　　　　　● Charles V ●

I speak Spanish to God, Italian to women, French to men and German to my horse.
私は、神に対してはスペイン語を、女性に対してはイタリア語を、男性にはフランス語を、そして馬にはドイツ語を話す。

⑨ **Can you** look after my baby?
　赤ん坊を見ていてくれますか。

⑩ **Can you** make a copy for me?
　コピー〔ダビング〕してくれますか。

⑪ **Can you** make it a little cheaper?
　少しまけてくれませんか。

⑫ **Can you** meet the quota?
　ノルマは達成できるかね？
　（quota: クウォウタ）

⑬ **Can you** modify the terms?
　条件を見直していただけませんか。
　（modify: マディファイ）

⑭ **Can you** ship this to Japan?
　これを日本へ送ってもらえますか。

⑮ **Can you** show me that watch in the case?
　ケースの中のあの時計を見せてもらえますか。

⑯ **Can you** think of anything better?
　何かもっと名案はありませんか。

⑰ **Can you** take us to the Ritz Hotel?
　リッツ・ホテルまでお願いします。（タクシーで）

⑱ **Can you** tell me what your conditions are?
　そちらの条件をおっしゃって下さい。

⑲ **Can you** use chopsticks?
　あなたは箸を使えますか。
　（chopsticks: チャップスティックス）

⑳ **Can you** wrap it as a gift?
　贈り物用に包んでもらえますか。

Words of 200 People ● Mark Spitz ●

I swam my brains out.
私は、脳ミソが飛び出すほど泳いだ。

8 Will you...?

第3章でも触れたように、Will you...?には「〜してくれませんか」という丁寧な響きはなく、「〜してくれ」という「指示」的な響きがある（p.64参照）。たとえ上司が部下に使う場合でも、相手に不愉快な思いをさせるかもしれない。気持ちよく働いてもらうには、Would you...?やCould you...?のほうが無難だろう。

●

1. **Will you** be eating here?
   こちらでお召し上がりですか。

2. **Will you** hold the line, please?
   そのままお待ち下さい。（電話で）

3. **Will you** include small change?
   おつりに小銭を入れて下さい。

4. **Will you** pass me those documents?
   そこの書類を取ってくれない？

5. **Will you** pay in cash or with a credit card?
   キャッシュでお払いですか、カードにしますか。

6. **Will you** put me through to Mr. White?
   ホワイトさんを呼んでいただけますか。

7. **Will you** recommend something?
   何かおすすめのものはありますか。

8. **Will you** show me another one?
   別のものを見せて下さい。

200人のホンネ ● Suzy Parker ●

I thank God for high cheekbones every time I look in the mirror in the morning.
私は毎朝鏡を見るたびに、自分のほお骨が高いことを神に感謝します。

⑨ **Will you** please sign this check?
　この小切手にサインして下さい。

⑩ **Will you** take my order, please?
　注文をお願いします。

⑪ **Will you** have a seat, please?
　どうぞおかけ下さい。

⑫ **Will you** have another cup of tea?
　紅茶をもう1杯いかがですか。

⑬ **Will you** be arriving at 6?
　6時に到着の予定ですか。

⑭ **How long will you** be in Japan?
　日本にはどれくらいいる予定ですか。

⑮ **How long will you** be staying in Seattle?
　シアトルにはどれくらい滞在の予定ですか。

【備考】Will you...?が「～してくれませんか」という丁寧な依頼を表すという誤解は、なぜ生まれたのだろう。これについて、T.D.ミントン氏は『ここがおかしい日本人の英文法』(研究社刊)の中で、次のように述べておられる。Will you have another cup of tea?のような「申し出」の文の場合には、Will you...?は丁寧な言い方である。そのため、「依頼」の意味で使われる時も、同じように丁寧な響きを持つという誤解が、日本の学習者の間に生じたのではないか、と。もっとも、Will you have another cup of tea?という文も、現代的な言い方ではなく、Would you like...の方が一般的に好まれる、とも指摘しておられる。

Words of 200 People　　　　　　　　　　● S.N.Behrman ●

I think immortality is an over-rated commodity.
私は、不死性は買いかぶられすぎていると思う。

復習コーナー

本章で学んだ英文を、もう1度思い出そう。

第6章と同様、1つの表現につき2題ずつ復習する。和訳は必ずしも直訳ではないので、表現上のギャップを飛び越えるのも練習のうちと考えていただきたい。

---

1 Do you...?
(1) 明日の天気予報はご存じですか。
(2) たばこを吸ってもかまいませんか。

2 Do you have...?
(3) メニューを見せて下さい。
(4) 申告するものは何かお持ちですか。

3 What/How do you...?など
(5) 今日はどの料理がおすすめですか。
(6) ステーキの焼き加減のお好みは？

4 Are you...?
(7) このあたりはお詳しいのですか。
(8) どちらの会社からおいでですか。

答え

(1) **Do you** know the weather forecast tomorrow?
(2) **Do you** mind if I smoke?
(3) **Do you have** a menu?
(4) **Do you have** anything to declare?
(5) **What do you** recommend for today?
(6) **How do you** like your steak?

200人のホンネ ● Oscar Wilde ●

I sometimes **think** that God in creating man somewhat overestimated His ability.
神が人間を創造した時、神は自分の能力を過大評価しすぎていたんじゃないかと時々思う。

(7) **Are you** familiar with this area?

(8) **What company are you** from?

---

5 Would you...?
(9) まけてもらえませんか。

(10) 日本食がいいですか、それとも中華料理にしますか。

6 Could you...?
(11) もっと詳しく話していただけますか。

(12) 会社への行き方を教えて下さい。

7 Can you...?
(13) 日本語の話せる医者を探してもらえませんか。

(14) 贈り物用に包んでもらえますか。

8 Will you...?
(15) そこの書類を取ってくれない？

(16) この小切手にサインして下さい。

答え

(9) **Would you** give me a discount?

(10) **Would you** prefer Japanese food or Chinese food?

(11) **Could you** be more specific?

(12) **Could you** tell me how to get to your office?

(13) **Can you** find a doctor who speaks Japanese?

(14) **Can you** wrap it as a gift?

(15) **Will you** pass me those documents?

(16) **Will you** please sign this check?

Words of 200 People ● Alvin Ailey ●

I think the people come to the theatre to look at themselves. I try to hold up the mirror.
人々は劇場に自分自身の姿を見に来るのだと思う。だから、私は鏡をかかげようとするのさ。

8章

英会話には型がある！

　この第8章では、「Iが主語の文」でも「youが主語の文」でもないが、「Iとyouの間に交わされる会話」を発展させる上で不可欠な「表現パターン」を、8つ取り上げることにした。

　さっそく中身を見ていただこう。

1. Let's...
2. Let me...
3. Thank you.../Thanks...
4. Don't...
5. Please + 命令文❶
6. Please + 命令文❷
7. 命令文❶
8. 命令文❷

　英会話の本を見ると、「文法を無視したカタコト英語でも十分通じます」と書かれたものが時々ある。

　たとえば、May I have a receipt, please?「領収書を下さい」の場合なら、Receipt, please. だけで十分通じ

200人のホンネ ● Al McGuire ●

I think the world is run by C students.
思うに、世の中は劣等生によって動かされている。

るといったアドバイスである。

もちろん、カタコト英語で足りる場合も多々ある。しかし、カタコト英語に安住してしまうと、発展性のある会話を自ら放棄したことになる。

よく、夫婦の会話はカタコト英語で足りる、と主張している本があるが、そもそも、カタコト英語だけで結婚できたわけではあるまい、と私は思う。

Part 2でお見せしている「表現パターン」は、どれもきちんとした文法形式を整えたものばかりである。

ひとつの「表現パターン（文法パターン）」が、いろいろな状況に応用できることを、私は示したかったのである。

1例をあげる。Don't tell anyone.を「誰にも言わないで」という定型句として覚えるのもいいが、Don't...という「表現パターン」の1例と見なすなら、Don't spread it around.「言いふらさないで」という文への応用が可能になるだろう。
スプレッド

「使える表現」と「使える文法」は、結局同じものだと思う。その意味で、このPart 2には、「文法は使える！」という私からのメッセージがこめられているのである。

「文法教育」が悪いのではない。「使えない文法教育」が悪いのだ。

Words of 200 People ● Theodore Roosevelt ●

I think there is only one quality worse than hardness of heart and that is softness of head.
思うに、コチコチの心よりも悪いものが1つだけある。それは、ふにゃふにゃの頭だ。

1 Let's...

Let's...の 's は us の短縮形である。ここでは「I と you」が融合している。「〜しましょう」と提案するのは「私」だが、気持ちの上では、すでに相手と一体である。たとえば⑮の「それで手を打ちましょう」は、「2人の融合」を形にしましょう、という提案である。

●

[1] **Let's** break for coffee.
お茶にしましょう。

[2] **Let's** celebrate!
お祝いだ！

[3] **Let's** change the subject.
話題を変えよう。

[4] **Let's** discuss the rest tomorrow.
残りは明日話し合おう。

[5] **Let's** dispense with formalities.
改まったあいさつは抜きにしましょう。

[6] **Let's** forget about work.
仕事のことは忘れよう。

[7] **Let's** get down to business.
本論に入りましょう。

[8] **Let's** go on to the next subject.
次の件に進みましょう。

200人のホンネ ● Lauren Bacall ●

I think your whole life shows in your face and you should be proud of that.
人の全人生は顔に現れる。そのことに誇りを持つべきだと私は思う。

9. **Let's** go out for dinner.
   食事に出よう。

10. **Let's** go over tomorrow's schedule.
    明日のスケジュールについて話しましょう。

11. **Let's** have a drink.
    一杯やりましょう。

12. **Let's** keep in touch.
    連絡をとり合いましょう。

13. **Let's** quit for today.
    今日はこれでやめにしよう。

14. **Let's** see what happens.
    どうなるか様子を見よう。

15. **Let's** shake hands on it.
    それで手を打ちましょう。

16. **Let's** split the bill.
    割り勘にしましょう。

17. **Let's** take a short cut.
    近道をしましょう。

18. **Let's** take a vote on it.
    多数決を取りましょう。

19. **Let's** talk about the schedule for signing the contract.
    契約にサインするまでのスケジュールについて話しましょう。

20. **Let's** think about the worst scenario.
    最悪のケース(サナリオ)について考えてみましょう。

Words of 200 People ● **Woody Allen** ●

I took a course in speed reading and was able to read *War and Peace* in twenty minutes. It's about Russia.
私は速読コースを受講し、「戦争と平和」を20分で読めるようになった。ありゃ、ロシアに関する本だね。

2 Let me...

Let me... は、直訳すれば「私に〜させて下さい」となる。それが「〜しましょう」という「申し出」の意味にもなるのは、日本語の場合と同様である。たとえば、⑫の Let me show you our plant. は「工場をお見せしましょう」という「申し出」を表している。

●

1. **Let me** check my schedule.
   スケジュールを調べてみましょう。

2. **Let me** check your blood pressure.
   血圧を計りましょうね。

3. **Let me** give you my card.
   名刺を差し上げましょう。

4. **Let me** introduce myself.
   自己紹介させて下さい。

5. **Let me** know the charge later, please.
   後で料金をお知らせ下さい。

6. **Let me** know the situation.
   状況を知らせて下さい。

7. **Let me** pay.
   私に払わせて下さい。

8. **Let me** put your bags in the trunk.
   バッグをトランクにお入れしましょう。

200人のホンネ ● Earl Warren ●

I always **turn** to the sports pages first, which record people's accomplishments. The front page has nothing but man's failures.
私は、人が成しとげたことが書かれているスポーツ面をまっ先にあける。第1面は人が失敗したことばかり書かれている。

9 **Let me** repeat the number.
番号を復唱いたします。

10 **Let me** see.
ええと。

11 **Let me** see if he is available.
手があいたかどうか見てきましょう。

12 **Let me** show you our plant.
工場をお見せいたしましょう。

13 **Let me** sleep on it.
一晩考えさせて下さい。

14 **Let me** take care of the bill.
お代は私に払わせて下さい。

15 **Let me** take care of your baggage.
お荷物をお運びいたしましょう。

16 **Let me** take you around the factory.
工場をご案内いたします。

17 **Let me** take you there.
私がお連れいたします。

18 **Let me** tell you a secret.
君に秘密を打ち明けよう。

19 **Let me** think it over a little longer.
もう少し考えさせて下さい。

20 **Let me** think it over until we meet next week.
来週お会いする時まで考えさせて下さい。

Words of 200 People ● W. Somerset Maugham ●

I've always been interested in people, but I've never liked them.
私は常に人々に興味を持ってきたが、彼らが好きになったことはない。

3 Thank you.../Thanks...

Thank you for the present. のように「Thank you for ＋名詞」の形と、Thank you for calling. のように「Thank you for ＋〜ing」の形がある。Thanks. はよりくだけた言い方で、Many thanks. Thousand thanks. Thanks a lot. などと強調して言うことができる。

●

1. **Thank you** for all your efforts in this.
   いろいろご尽力いただき、有難うございました。

2. **Thank you** for all your time.
   時間を割いていただき、有難うございました。

3. **Thank you** for all the trouble you went to.
   ご面倒をおかけいたしました。

4. **Thank you** for calling.
   お電話有難うございます。

5. **Thank you** for everything you did.
   いろいろと有難うございました。

6. **Thank you** for inviting me.
   ご招待いただき、有難うございました。

7. **Thank you** for the lovely present.
   素敵なプレゼントを有難う。

8. **Thank you** for waiting.
   お待たせいたしました。

200人のホンネ ● Tallulah Bankhead ●

I've been called many things, but never an intellectual.
私はこれまでいろいろに呼ばれてきたが、インテリと呼ばれたことだけはない。

9. **Thank you** for your concern.
   ご心配をおかけしました。
10. **Thank you** for your patience.
    大変お待たせいたしました。(ペイシャンス)
11. **Thank you** for your quick decision.
    迅速なご決定を有難うございます。
12. **Thank you** for cheering me up.
    励ましてくれて有難う。
13. **Thank you** for coming all the way over here.
    遠い所をお越しいただき、有難うございました。
14. **Thank you** for giving me so much of your time.
    時間を割いていただき、有難うございました。
15. **Thanks** for saying so.
    そう言ってくれて有難う。
16. **Thanks** for telling me.
    知らせてくれて有難う。
17. **Thanks** for the compliment.
    おほめいただき、有難うございます。
18. **Thanks** for warning me.
    注意してくれて、有難う。
19. **Thanks** for your cooperation.
    ご協力、有難う。
20. **Thanks** for your visit.
    お越しいただき、有難うございます。

Words of 200 People ● Marilyn Monroe ●

I've been on a calendar, but never on time.
私はカレンダーに載ったことはあるけど、時間を守ったことはないわ。

4 Don't....

Don't be so formal. と言えば「そんなに改まらないで下さい」ということ。普通の命令文を使って裏返しに言うこともできる。たとえば Please feel at home. は、「普段の通りにして下さい」すなわち「改まらないで下さい」と、同じ意味を別の言い方で表現している。

●

1. **Don't** be so impatient.
   そんなにあせるな。

2. **Don't** be so narrow-minded.
   あまり窮屈に考えるな。

3. **Don't** be so negative.
   弱気になるなよ。

4. **Don't** be silly.
   ばかを言うな。

5. **Don't** be upset.
   そう怒らないで。

6. **Don't** blame yourself.
   自分を責めないで。

7. **Don't** flatter me.
   お世辞はやめて下さい。

8. **Don't** forget to write.
   忘れずに手紙を下さい。

200人のホンネ ● Totie Fields ●

I've been on a diet for two weeks and all I've lost is two weeks.
2週間ダイエットした結果、失ったのは空しい2週間だけだった。

⑨ Don't let it happen again.
　　2度とこんなことのないようにね。

⑩ Don't make fun of me.
　　バカにするなよ。

⑪ Don't mention my name.
　　私の名前は伏せておいてね。

⑫ Don't mention it.
　　どういたしまして。（お礼を言われた時の決まり文句）

⑬ Don't misunderstand me.
　　誤解しないで。

⑭ Don't overeat.
　　食べすぎるなよ。

⑮ Don't overestimate my ability.
　　（オウヴァレスティメイト）
　　私の能力を買いかぶらないで下さい。

⑯ Don't take it seriously.
　　（スィアリアスリ）
　　深刻に考えないで。（気軽に考えて。）

⑰ Don't talk nonsense!
　　ふざけないで！

⑱ Don't tell me what to do.
　　私にいちいち指図しないで。

⑲ Don't underestimate my ability.
　　（アンダレスティメイト）
　　私の能力を過小評価しないで下さい。

⑳ Don't worry.
　　心配するな。

Words of 200 People ● **Don Delillo** ●

I've come to think of Europe as a hardcover book, America as the paperback version.
私は、ヨーロッパはハードカバーの本と考えるようになった。アメリカは、そのペーパーバック版だ。

5 Please + 命令文❶

Pleaseは、命令文の口調を和らげる働きをする。ただし、Please がついたからといって「どうぞ」と訳す必要はない。前の項で学んだ Don't... という否定形の命令文の前にも、Please をつけることができる（⑧参照）。この❶では比較的短い文例を集めてみた。

●

1. **Please be** more careful next time.
   今度はもっと気をつけてね。

2. **Please be** my guest.
   私にごちそうさせて下さい。

3. **Please call** his mobile phone.
   携帯電話のほうにおかけ下さい。

4. **Please call** me back in five minutes.
   5分後にかけ直して下さい。

5. **Please check** your change.
   おつりをお確かめ下さい。

6. **Please come** in!
   いらっしゃい。

7. **Please do not hesitate** to contact us.
   遠慮なくご連絡下さい。

8. **Please don't worry** about that.
   そんなことはご心配なく。

200人のホンネ ● Joan Baez ●

I've never had a humble opinion: if you've got an opinion, why be humble about it?
私は"卑見"を持ったことはない。もしも意見を持ったとしたら、なぜそれを卑下しなければならないの？

9 **Please forgive** my rudeness.
失礼をお許し下さい。

10 **Please give** me a call.
お電話を下さい。

11 **Please go** ahead.
どうぞ召し上がって下さい。

12 **Please hang** up the phone.
電話をお切り下さい。

13 **Please help** yourself.
どうぞお召し上がり下さい。

14 **Please hold** on.
少々お待ち下さい。

15 **Please join** me in a toast.
ご一緒に乾杯しましょう。

16 **Please line** up!
列にお並び下さい。

17 **Please make** yourself comfortable.
どうぞごゆっくり。

18 **Please show** me the way.
道順を教えて下さい。

19 **Please speak** a little more slowly.
もう少しゆっくり話して下さい。

20 **Please take** a seat.
お座り下さい。

Words of 200 People ● **Judy Garland** ●

I've never looked through a keyhole without finding someone was looking back.
鍵穴から外を見て、外からもこちらを見ていなかったためしなんてないわ！

6 Please ＋命令文❷

❷では、比較的長い、特定のシチュエーションの中で使われる文例を集めてある。たとえば、⑥の Please don't use antibiotic medicine. は「抗生物質を使わないで下さい」という、患者から医者への要望である。

●

① **Please break** a dollar into four quarters.
　1ドル札を25セント4枚にくずして下さい。

② **Please call** an ambulance.
　救急車を呼んで下さい。

③ **Please call** me when you arrive in Narita.
　成田空港に着いたらお電話下さい。

④ **Please call** the police.
　警察を呼んで下さい。

⑤ **Please change** this to dollars.
　これをドルに替えて下さい。

⑥ **Please don't use** antibiotic medicine.
　抗生物質は使わないで下さい。

⑦ **Please enlarge** this to B4.
　これをB4に拡大して下さい。

⑧ **Please fill** in this form.
　この書式を埋めて下さい。

200人のホンネ　　　● Melina Mercouri ●

I was born Greek and I shall die Greek. They were born fascists and they will die fascists.
私はギリシャ人として生まれ、ギリシャ人として死ぬ。彼らはファシストに生まれつき、ファシストで死ぬだろう。

⑨ **Please fill** out this application form.
　　この申込用紙にご記入下さい。

⑩ **Please get** off at Tokyo station.
　　東京駅でお降り下さい。

⑪ **Please give** me ten one-dollar stamps.
　　1ドル切手を10枚下さい。

⑫ **Please keep** Wednesday open.
　　水曜日はあけておいてね。

⑬ **Please make** five copies of this on B5.
　　これをB5で5枚コピーして下さい。

⑭ **Please make** it a collect call.
　　コレクトコールでお願いします。

⑮ **Please raise** your hand if you agree with Mr. Doi.
　　土井さんに賛成の方は、手を挙げて下さい。

⑯ **Please reduce** this to B5.
　　　　　リデュース
　　これをB5に縮小して下さい。

⑰ **Please send** this by parcel post.
　　これを小包でお願いします。

⑱ **Please send** this letter by air mail.
　　この手紙を航空便でお願いします。

⑲ **Please show** me where we are on this map.
　　この地図上でどこにいるのか教えて下さい。

⑳ **Please stop** here.
　　ここで止めて下さい。(タクシーで)

Words of 200 People ● **Jean Claude Lauzon** ●

I was so angry to realize I'm a Quebecois, with no past, no history, just two cans of maple syrup.
私は自分がケベック人であることを自覚した時、腹が立った。過去も歴史もなく、あるのは2種類のメープル・シロップだけだ。

第8章　英会話には型がある！

7 　　　　　命令文❶

❶では、短くて「決まり文句」に近い命令文を集めてみた。ここで扱う命令文の多くは、Please を前につけて言うこともできるが、中には、Freeze!「動くな！」や Get down!「伏せろ！」のような、間髪を容れない命令もある。

●

1. **Calm** down.
   落ち着いて。

2. **Cheer** up!
   元気を出して。

3. **Come** in.
   お入り下さい。

4. **Do** your best.
   ベストを尽くしなさい。

5. **Enjoy** yourself.
   お楽しみ下さい。

6. **Freeze!**
   動くな！

7. **Get** down!
   伏せろ！

8. **Go** ahead.
   どうぞ、どうぞ。

200人のホンネ 　　　　　　　　　　　　　　● Chico Marx ●

I wasn't kissing her, I was whispering in her mouth.
私は、彼女にキスしていたわけじゃない。口元でささやいていただけだ。

9. **Go** for it!
    がんばって！

10. **Have** fun.
    楽しんできてね。

11. **Hold** it.
    やめろ！

12. **Keep** it up.
    その調子でね。

13. **Leave** me alone.
    ほっといて。

14. **Stay** down!
    伏せていなさい。

15. **Step** on it.
    てきぱきやりなさい。

16. **Stop** joking.
    冗談はやめてくれ。

17. **Take** a look at that.
    あれを見て！

18. **Trust** me.
    私を信じて。

19. **Watch** out!
    気をつけて。

20. **Watch** your step.
    足元にお気をつけ下さい。

Words of 200 People ● Maria Callas ●

I will not be sued! I have the voice of an angel!
私は訴えられたりしない。私は天使の声を持っているのだから。

8 命令文❷

❶よりも少し長めの命令文を集めた。①の Be sure to include a breakdown.「必ず明細をつけて下さい」に使われている Be sure... は、Don't fail to... とも表せる。Be sure to let me know.＝Don't fail to let me know.「必ず私に知らせて下さい」。

●

① **Be** sure to include a breakdown.
必ず明細をつけて下さい。

② **Call** me a taxi.
タクシーを呼んで下さい。

③ **Cool** down a little.
ちょっと頭を冷やしなさい。

④ **Follow** the rules.
ルールはルールです。

⑤ **Get** ready!
用意しなさい。

⑥ **Have** a nice trip.
よいご旅行を。

⑦ **Have** a seat.
お座り下さい。

⑧ **Leave** it to me.
私に任せて下さい。

200人のホンネ　　　　● **William Shakespeare** ●

I will praise any man that will praise me.
私は、自分を賞賛する人なら誰でも賞賛する。

⑨ **Look** before you leap.
　　飛ぶ前に見よ。(念には念を入れよ。)

⑩ **Make** yourself at home.
　　おくつろぎ下さい。

⑪ **Pay** your debt.
　　お金を返して！

⑫ **Respect** yourself.
　　自尊心を持ちなさい。

⑬ **Round** them off to the nearest whole number.
　　四捨五入して整数にしなさい。

⑭ **Show** me how it works.
　　やって見せてよ。

⑮ **Stop** complaining.
　　ぶつぶつ言いなさんな。

⑯ **Stop** fighting.
　　けんかするな。

⑰ **Take** care of yourself.
　　お気をつけて。

⑱ **Take** it easy.
　　気楽にやってね。

⑲ **Take** your time.
　　ごゆっくりどうぞ。

⑳ **Use** your head!
　　頭を使いなさい。

Words of 200 People　　　　　　　　　　● Ian Dury ●

I wonder how long it is until sculpture becomes litter?
彫刻がごみになるにはどれくらいかかるのだろう。

復習コーナー

本章で学んだ英文を、もう1度思い出そう。

いよいよ最後の復習コーナーである。例によって、代表題2問ずつの練習だ。もう一息である。頑張っていただきたい。

---

1 Let's...
(1) 残りは明日話し合おう。
(2) 最悪のケースについて考えてみましょう。

2 Let me...
(3) 番号を復唱いたします。
(4) 手があいたかどうか見てきましょう。

3 Thank you...
(5) いろいろと有難うございました。
(6) 迅速なご決定を有難うございます。

4 Don't...
(7) 自分を責めないで。
(8) 私の名前は伏せておいてね。

答え

(1) **Let's** discuss the rest tomorrow.
(2) **Let's** think about the worst scenario.
(3) **Let me** repeat the number.
(4) **Let me** see if he is available.
(5) **Thank you** for everything you did.
(6) **Thank you** for your quick decision.
(7) **Don't** blame yourself.

200人のホンネ　　　　　　　　　● Richard Nixon ●

I would not like to be a political leader in Russia. They never know when they're being taped.
ロシアの政治的指導者にはなりたくないね。いつ盗聴されているかわからないもんね。

(8) **Don't** mention my name.

---

5 Please ＋命令文❶
(9) おつりをお確かめ下さい。
(10) 電話をお切り下さい。

6 Please ＋命令文❷
(11) この申込用紙にご記入下さい。
(12) これを B5 に縮小して下さい。

7 命令文❶
(13) 元気を出して。
(14) ほっといて。

8 命令文❷
(15) 必ず明細をつけて下さい。
(16) 私に任せて下さい。

答え
(9) **Please check** your change.
(10) **Please hang** up the phone.
(11) **Please fill** out this application form.
(12) **Please reduce** this to B5.
(13) **Cheer** up!
(14) **Leave** me alone.
(15) **Be** sure to include a breakdown.
(16) **Leave** it to me.

Words of 200 People ● Agatha Christie ●

I would write books even if they were only read by my husband.
私は、たとえ自分の夫しか読まないとしても、それでも本を書いていたい。

次の本のお世話になりました

1章　ハウディ和英辞典（講談社）
2章　Situational Dialogues （M.Ockenden, Longman）
3章　DICTIONARY OF PROVERBS （Penguin Books）
　　　Survival English （J.F.de Freitas, Macmillan）
　　　the wish list （B.A.Kipfer, Workman Publishing）
　　　Bridget Jones's Diary （Helen Fielding, Picador）
　　　ブリジット・ジョーンズの日記（ソニー・マガジンズ）
4章　起きてから寝るまでの表現早引きハンドブック（アルク）
5章　アッカンベー!! チャーリー・ブラウン（ツル・コミック社）
　　　ザ・ディベートⅡ（グロビュー社）
　　　"鉄"の説得力　サッチャーを聴く（グロビュー社）
　　　The World's Great Speeches （Dover）
　　　質問/QUESTIONS（田中未知、アスペクト）
　　　ちょっとしたアメリカ日常会話1000（松本薫＋J.ユンカーマン、講談社）
　　　コウビルド英英辞典（Collins）
6～8章　英会話とっさのひとこと辞典（巽一郎他、DHC）
　　　英会話ひとこと活用辞典（田所メアリー監修、朝日出版社）
　　　すぐ使える！短い英語表現2002（アラン・ハート監修、実務教育出版）
　　　すぐ使える！短いビジネス英語表現2300（関郁夫監修、実務教育出版）
　　　ビジネス英会話手帳（ジャパンタイムズ）
　　　英語で意見・考えを言える表現2400（星加和美他、ベレ出版）
　　　ヒロコ・グレースのビジネス英会話（日本放送出版協会）
　　　アクティブ英会話表現辞典（旺文社）
　　　SS英会話（東後勝明、ジャパンタイムズ）
　　　Be Plus!（リンゲージ倶楽部）
　　　Living in America こんなとき英語でこう聞かれる（乾尚子他、ジャパンタイムズ）
　　　English in Situations （R.O'Neill, Oxford University Press）

あとがき
—— 「英語達人」への道 ——

　困ったことになってきた。私のことを「英語の達人」と勘違いする人が増えてきたのだ。
　まず、AERA（朝日新聞社刊）の2000年6月19日号に、「英語の達人インタビュー」と題し、写真付きで私の記事が載った。
　English Journal（アルク刊）の2001年8月号には、「英語の達人から学ぶ英単語の効果的な覚え方」と題し、私のコラムが掲載された。
　そこで、私は考えた。「こうなったら達人のふりをして、達人になる秘法を伝授する本を書いてしまおう。どうせ書くなら、達人になるための最短コースを世に示すことにしよう！」こうして出来たのが本書である。
　「達人」のふりをするために、実にたくさんの書物のお世話になった。前ページに書名を挙げさせていただいたが、ここに心からお礼を申し上げたいと思う。
　前回の本と同様、レイアウトは伊草亜希子さんに、また、英文のチェックは鳥光陽子さんにお願いした。お2人に感謝の意を表したい。
　本書で、私はシナリオのある学習書を書くことをめざした。私の用意したシナリオをお楽しみいただけたなら、何よりうれしい。

　　　　　　　　　　　　　2001年7月30日　晴山　陽一

著者紹介

晴山陽一（はれやま・よういち）

1950年、東京生まれ。早稲田大学文学部哲学科卒業後、出版社に入り、英語教材の開発をてがける。元ニュートン社ソフト開発部長。著書に『高頻度！重要英単語1400』（宝島社新書）、『英単語速習術』『TOEIC®テスト「超」必勝法』『英単語倍増術』『日本人のための英文法』（以上、ちくま新書）、『40歳からの「英語革命」』『ビジネス四字熟語を英語にする』（以上、研究社）、『速習英単語1200』（ジャパンタイムズ）、『英語ことわざコレクション』（三修社）など多数。

英会話の原理
（えいかいわのげんり）

2001年10月11日　第1刷発行

著　者　　晴　山　陽　一
発行人　　蓮　見　清　一
発行所　　株式会社 宝島社
　　　　　〒102-8388 東京都千代田区一番町25
　　　　　電話：営業部　03（3234）4621
　　　　　　　　編集部　03（3239）0069
　　　　　振替：00170-1-170829　㈱宝島社

印刷・製本：中央精版印刷株式会社

無断転載を禁じます。
乱丁・落丁本はお取替えいたします。
COPYRIGHT © 2001 BY YOICHI HAREYAMA
ALL RIGHTS RESERVED
PRINTED AND BOUND IN JAPAN
ISBN 4-7966-2405-8